# 크리스마스 별 종이접기

이나 밀카우 지음

장혜경 옮김

생각의집

재료와 도구 ** 5

## 모던 디자인 별 1
블링블링 - 마분지로 만든 오각별 ** 8
아코디언처럼 접어요 - 주름 별 ** 10
언제 어디서나 활용할 수 있는 별 - 두꺼운 오각별 ** 14
엘레강스 별 - 비즈 장식이 달린 육각별 ** 16

## 클래식 디자인 별
행운의 황금별 - 종이 띠로 만든 작은 별 ** 20
손에 잡힐 듯 가까워요 - 입체 팔각별 ** 22
반짝반짝 - 별 조명 ** 24
각이 많아요 - 종이접기 구리 별 ** 26

## 창문용 별
아름다운 레이스 - 도일리로 만든 별 ** 30
햇님이 인사해요 - 종이접기 18각 햇님 별 ** 32
눈보라 - 흰 종이로 만든 눈송이 ** 34
찬란한 별빛 - 트레이싱 페이퍼로 만든 창문장식 별 ** 36

## 필리그란 별
클래식 - 프뢰벨 별 ** 40
반짝이는 꽃 - 별꽃 ** 44
순식간에 만드는 별 - 알록달록 종이 띠로 만드는 마름모 별 ** 46
눈의 여왕 - 종이 6장으로 만든 큰 눈송이 ** 48

## 별 기차
눈송이 마법 - 빵 봉투로 만든 별 ** 52
가지각색 별 - 한 장으로 만든 필리그란 별 ** 54

별 동전 - 페스툰 ✲ 56
작은 별아, 꼭꼭 숨어라! - 끼워 만든 별 ✲✲ 58

## 모던 디자인 별 2
별을 보며 책을 읽어요 - 책으로 팔각별 만들기 ✲✲ 62
시간의 별 - 티백 폴딩 별 ✲✲ 64
동그라미 별 - 18개의 날개로 접은 둥근 별 ✲✲ 66
별 중의 별 - 오로지 종이접기로만 만든 별 ✲✲ 68
별똥별 - 두 가지 색깔 별 ✲✲ 72
별 무더기 - 3D 주사위별 ✲✲ 74

## 장식용 별
종이에 담아요 - 한 장으로 만든 별 접시 ✲✲ 78
쓱싹! - 오각 별로 만든 3D 접기 별 ✲✲ 82
조각조각 별 - 휴지심으로 만든 별 ✲✲ 84
별 등불 - 투명 양초 바람막이 ✲✲ 86
별자리 - 3D 종이접기 별 그릇 ✲✲ 90
별에게 소원을 빌어보세요 - 작은 소원별 ✲✲ 94
5성급 메뉴 - 냅킨링 ✲✲ 96
시크릿 스타 - 별을 품은 투명 별 ✲✲ 98

## 걸이용 별
자수 별 - 12각 자수별 ✲✲ 102
스트라이프 별 - 줄무늬 별 ✲✲ 104
별똥별이 쏟아져요 - 별 화환 ✲✲ 106
별꽃 - 잡지로 만든 별 ✲✲ 108
별 액자 - 투명 실루엣 별 ✲✲ 110
별의 행로 - 벽 장식 별 화환 ✲✲ 112

본 ✲✲ 114

# 재료와 도구

## 재료

대부분은 정사각형 종이를 사용할 겁니다. 문구점에 가면 살 수 있어요. 집에 A4 용지가 많이 있거든 잘라서 써도 됩니다. 종이를 자를 때는 조심해서 한 번에 자르도록 하세요. 남은 조각도 이용할 거니까요.

헌책이나 신문지, 잡지를 써도 됩니다. 선물용 포장지도 잘 접으면 멋진 별이 될 수 있어요.

접기 복잡한 별은 흰 종이로 먼저 연습을 해보면 좋을 거예요. 처음부터 비싼 색지를 썼다가 망치면 안 되잖아요. 모든 방법을 정확하게 익히면 좋은 종이로 완성해 보세요.

진주는 별을 장식하는 데 좋아요. 그리고 여러가지 색깔의 작은 나무 구슬이나 작은 플라스틱 구슬도 장식 효과로 아주 잘 어울려요.

길에서 주운 작은 돌도 별에 붙여 장식해 보세요. 특별한 나만의 별을 만들 수 있어요.

별을 걸 때는 실을 이용하면 됩니다. 조금 더 예쁘게 장식하고 싶다면 투명 나일론 실을 사용하세요. 별을 트리에 걸고 싶으면 얇은 칼라 노끈을 사용하세요. 베이커스 트와인이나 마끈 같은 것이 좋겠죠.

### 꼭 읽어주세요!!
어린이와 함께 작업할 때 송곳이나 커터칼처럼 다칠 수 있는 물건을 사용할 때에는 반드시 어른과 함께 작업해야 합니다. 소중하고 이쁜 우리 아이들이 안전하게 작품을 만들기를 바랍니다.

## 도구

종이로 별을 접을 때는 특별한 도구가 필요 없어요. 정말 좋죠? 가위, 펜, 자, 풀, 칼 정도는 집집마다 다 있잖아요. 종이접기를 잘하는 사람이라면 도구가 없어도 척척 잘 접을 수 있을 거예요. 붙여야 할 필요가 있을 때는 순간접착제와 양면테이프를 사용할 겁니다. 트레이싱 페이퍼를 사용할 때는 투명접착제가 필요하겠죠. 가죽 펀치와 여러 가지 종류의 펀치, 집게 등도 있으면 도움이 될 겁니다. 재봉틀은 반드시 갖추어야 하는 기본 장비는 아니지만, 이 책에서는 2번 사용할 거예요.

## 알려두기

이 책에 소개하는 별 중에서 몇 가지는 보통 종이로 접었습니다. 접는 선과 모양이 잘 보이게 하려고 그랬답니다. 나중에 무늬 있는 종이로 다시 접을 때 어떻게 해야 할지도 잘 적어두었으니 걱정하지 마세요.

## 중요한 용어

산 접기 : 산처럼 우뚝 위로 솟은 접기를 말합니다.

계곡 접기 : 계곡처럼 아래로 푹 꺼져서 밑으로 내려가는 접기를 말합니다.

## 난이도

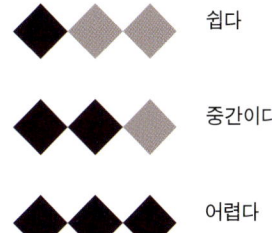

# 모던 디자인 별 1

오각별이 하늘에 걸린
다이아몬드 같아요.

# 블링블링
## 마분지로 만든 오각별

**재료**
- ★ 색 마분지 (혹은 아주 단단한 종이)
- ★ 연필
- ★ 가위나 커터 칼
- ★ 접지주걱
- ★ 딱풀
- ★ 펀치
- ★ 걸이 용 끈

**크기**
- ★ 약 7cm
- ★ 본 크기는 8.5×8.5cm

### 이렇게 만들어요

1. 마분지를 사용해 별 본을 원하는 크기로 만듭니다.
2. 색지에 본을 대어 그린 다음 오립니다.
3. 초록색으로 표시한 선을 자릅니다.
4. 빨갛게 표시한 선은 뒤로 꺾어 접고 (산 접기), 파란색으로 표시한 선은 앞으로 꺾어 접습니다. (계곡 접기)
5. 자른 선을 중심으로 두 면을 겹쳐 붙입니다. 그럼 오각별이 탄생하지요.
6. 똑같은 모양의 별을 하나 더 만들어 뒷면끼리 붙입니다.
7. 구멍을 뚫어서 끈을 끼웁니다.

**TIP** 다이아몬드를 정말 좋아한다고요? 그럼 반짝이는 은색지로 별을 접어보세요. 선물 포장 장식용으로도 멋지고 크리스마스트리에 매달아도 좋습니다. 이 별은 어디나 잘 어울리거든요.

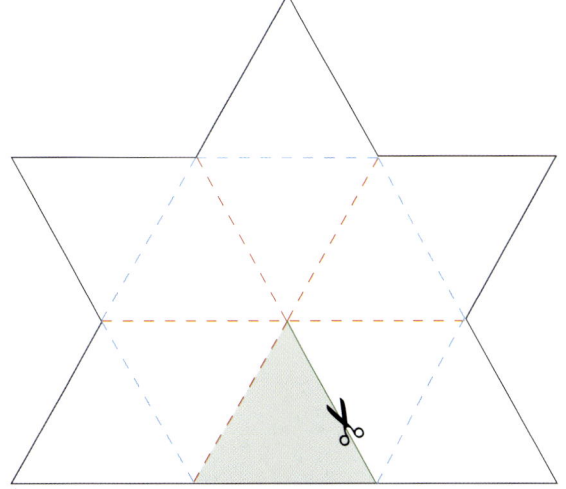

원본 크기의 본은 116쪽에 있습니다.

이번에는 좀 끈기가 필요합니다. 하지만 고생한 만큼 보람도 클 거예요. 종이로 만든 이 작은 별이 정말 정말 예쁘거든요. 크리스마스 시즌이 아니어도 좋아요. 언제 어디서나 장식용으로 잘 어울린답니다.

### TIP

아코디언 접기를 가장 쉽게 하는 방법은 종이 띠를 절반으로 접은 후 다시 절반, 또 절반으로 접는 겁니다. 순식간에 똑같은 8개의 면적이 만들어지거든요.

# 아코디언처럼 접어요
## 주름 별

**재료**
- ★ 색종이 한 장, 90-130g, A4 용지 크기
- ★ 자
- ★ 커터 칼
- ★ 접지주걱
- ★ 바늘 or 작은 송곳
- ★ 순간접착제
- ★ 집게핀
- ★ 실 or 공예용 낚시줄
- ★ 비즈
- ★ 목재 비즈
- ★ 펀치
- ★ 걸이 용 끈

**크기** ★ 약 11cm

## 이렇게 만들어요

먼저 A4 종이를 세로 방향으로 반으로 자릅니다. 10.5×29.7cm 크기의 종이 두 장이 만들어졌어요.

1. 종이를 아코디언처럼 접어 주름을 만들어야 해요. 같은 크기의 면이 8개 생길 때까지 종이를 반으로 접고 또 접습니다. 접을 때마다 다시 폅니다. 주의하세요. 접는 방향이 같아야 합니다. 이 8개의 면을 다시 한번 반으로 접어 16개의 똑같은 면이 생기도록 합니다. 이번에는 이 면을 모두 처음과 반대 방향으로 접습니다. 첫 번째 주름이 계곡 주름이 되도록 종이를 내려놓습니다.

2. 종이를 다시 세로로 반을 접은 다음 폅니다.

3. 종이를 뒤집어 첫 번째 주름이 산 주름이 되도록 합니다. 이제 접지주걱과 자로 12쪽의 본과 같이 대각선을 만듭니다. 처음에는 한 방향으로, 다음에는 다른 방향으로 만듭니다.

4. 종이를 뒤집어 대각선을 위로 접어주세요. (산 접기)

5. 이제 조심스럽게 그림 5와 같이 주름을 접습니다. 첫 번째 주름이 계곡 접기가 되도록 하세요.

6. 끝까지 접습니다. 종이의 남은 절반도 똑같이 합니다.

7. 접은 양면을 붙여서 긴 띠 모양으로 만듭니다. 조심하세요. 끝부분은 붙이면 안 됩니다. 필요하면 집게핀으로 고정시키세요.

8. 끈을 끼울 수 있게 바늘이나 송곳(이쑤시개)으로 옆모서리에 구멍을 뚫습니다.

9. 구멍으로 끈을 끼웁니다. 이때 한쪽 면마다 비즈를 하나씩 끼워 넣습니다.

10. 끈을 한 바퀴 다 돌아 끼웠으면 조심스럽게 당겨 붙여 고정시킵니다. 이때에도 끝부분은 붙이지 말아야 합니다.

11. 접착제가 마르면 끈을 단단히 잡아당기고 끝을 묶은 후 자릅니다.

12. 끝부분의 한 곳에 펀치로 구멍을 내서 끈을 끼웁니다. 마지막으로 목재 비즈를 끼웁니다.

> **TiP**
> 비즈를 여러 가지 색으로 고르면 더 예쁜 별이 탄생할 거예요.

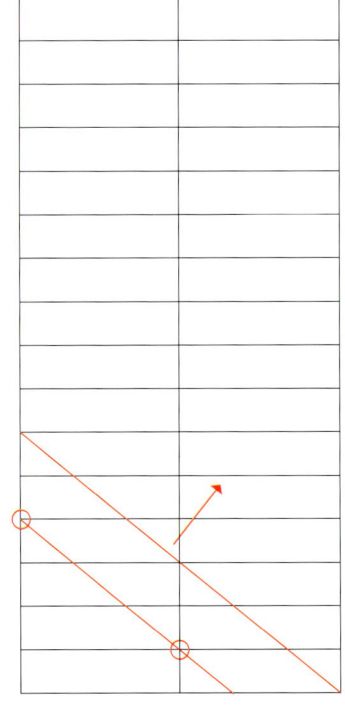

대각선 접기
(3단계)

# 언제 어디서나 활용할 수 있는 별

## 두꺼운 오각별

**재료**
- ★ 색 마분지 (혹은 아주 단단한 종이, 약 200g)
- ★ 연필
- ★ 작은 송곳
- ★ 자
- ★ 커터 칼
- ★ 양면테이프

**크기**
- ★ 14×14cm 본을 사용할 경우 약 12cm

### 이렇게 만들어요

1. 원하는 크기의 본을 마분지에 대고 그린 다음 잘라냅니다. 그 별을 다시 색 마분지에 대고 두 번 그립니다. 한가운데를 픽서로 표시하고 커터 칼과 자를 이용해 깔끔하게 자릅니다.

2. 파란색으로 표시한 선과 빨간색으로 표시한 선을 접습니다. 빨간색은 위로 (계곡 접기), 파란색은 아래로 (산 접기) 접습니다. 초록색으로 표시한 선은 풀로 붙이는 자리입니다. 이 선도 살짝 아래로 접습니다.

3. 풀 붙이는 선에 양면테이프를 붙입니다. 안으로 접어 별을 완성한 후 완성된 두 개의 별을 모서리를 잘 맞추어 붙입니다.

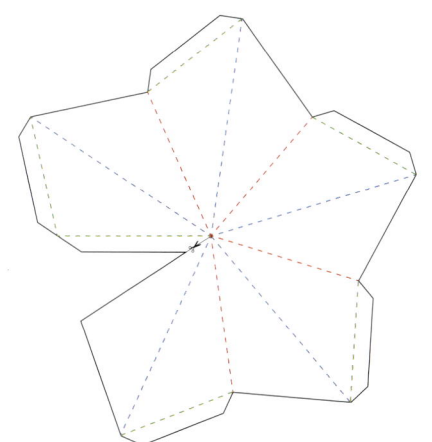

원본 크기의 본은 114쪽에 있습니다.

크리스마스 시즌에 정말 잘 어울리는 별이에요. 클래식 별과도 환상의 짝꿍이지요.

# 엘레강스 별
## 비즈 장식이 달린 육각별

**재료**
- ★ 흰 종이 6장, 약 80-90g, 10×10cm
- ★ 접지주걱
- ★ 풀
- ★ 작은 장식용 비즈
- ★ 펀치
- ★ 목재 비즈
- ★ 걸이용 끈

**크기** ★ 약 10cm

### 이렇게 만들어요

1. 종이를 가로와 세로 각각 반으로 접은 후 다시 폅니다. 대각선으로 접은 후에도 다시 폅니다.
2. 사진과 같은 모양으로 종이를 접어보세요. 6장 모두 똑같이 접습니다.
3. 접은 두 장의 종이를 끼웁니다.
4. 끼운 두 종이를 손에 쥐고 윗면에 생긴 주름을 펼쳐서 사각형의 구멍을 만듭니다.

**TIP** 색깔과 무늬가 다른 색종이를 사용하면 봄의 분위기를 느낄 수 있어요.

5. 세 번째 종이를 첫 번째 종이의 주름에 끼웁니다. 이번에도 사각형 구멍을 만듭니다.

6. 같은 방식으로 나머지 종이들도 끼워 별을 만듭니다.

7. 마지막 종이를 첫 번째 종이에 끼웁니다. 별이 완성되면 살짝 눌러 형태를 잡습니다.

8. 한가운데에 작은 비즈를 붙입니다. 아무 데나 끝부분에 펀치로 구멍을 뚫어 끈을 끼웁니다. 마지막으로 목재 비즈를 끼웁니다.

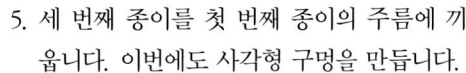

이 별은 어디서 보아도 참 예뻐요. 특히 모빌로 만들면 정말 예뻐서 사계절 내내 활용할 수 있답니다. 색깔과 크기를 달리해서 여러 개 접어 매달아도 좋지만 한 개만 접어 장식용으로 써도 아주 좋지요.

이 앙증맞은 작은 별 좀 보세요. 어디나 잘 어울리겠죠? 많이 접어 모아놓으면 훨씬 더 예쁘답니다.

# 행운의 황금별

## 종이 띠로 만든 작은 별

**재료**　★ 색종이 한 장, 80-90g, A4 용지 크기
　　　　★ 커터 칼
　　　　★ 연필
　　　　★ 자

**크기**　★ 약 2cm

### 이렇게 만들어요

먼저 종이를 준비합니다. 커터 칼로 1.5cm 넓이의 띠가 되도록 종이를 자릅니다. 그럼 약 29.7cm 길이의 종이 띠 14장이 만들어지지요. 한 장으로 별 하나를 접습니다.

1. 종이 띠로 매듭을 만듭니다. 잘 당겨서 살짝 눌러줍니다.
2. 끝부분의 남은 종이를 잘라냅니다.
3-6. 종이 띠를 짧은 끝부분이 남을 때까지 모서리를 따라 계속 접습니다. 띠를 접는 방향은 저절로 나타납니다.
7. 남은 종이를 마지막으로 생긴 틈으로 집어넣고 남은 부분은 잘라냅니다.
8. 엄지와 검지로 옆을 살짝 눌러 별의 각을 잡아줍니다.

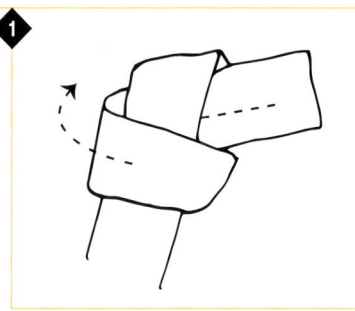 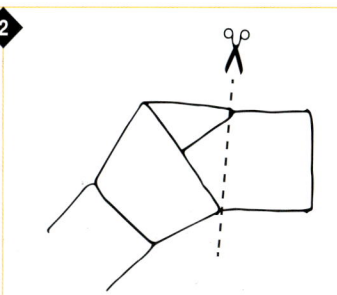
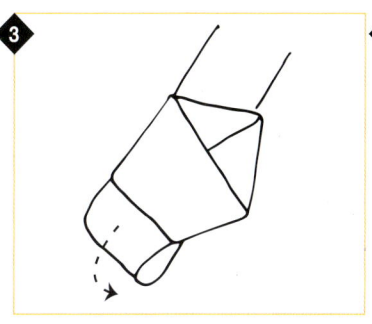 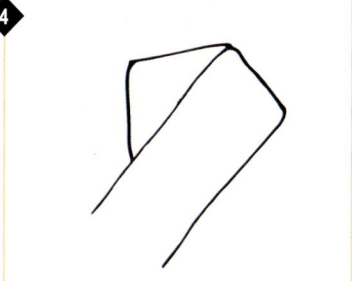
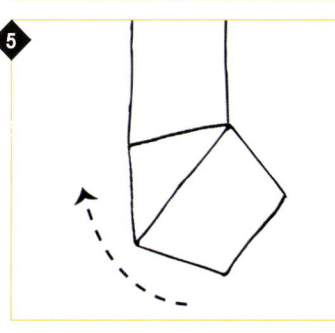 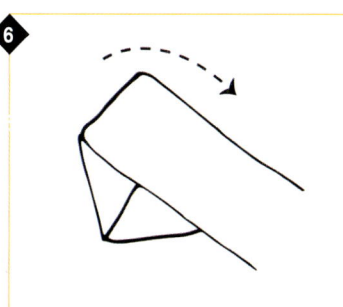
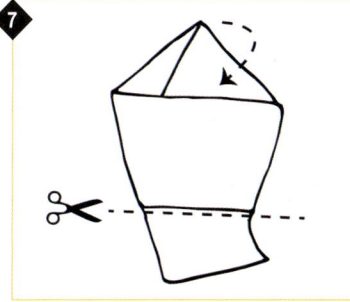 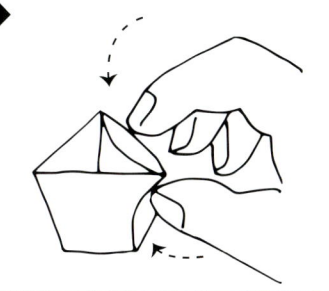

**TIP** 장식용으로도 좋지만, 상자에 이 작은 별을 가득 채워 예쁘게 포장하면 선물용으로도 그저 그만이에요. 화환을 만들 때 꽃과 같이 엮으면 정말 예쁘겠죠?

만들기도 쉬운 데
예쁘기도 하지요.
클래식하고 멋진
별이에요.

# 손에 잡힐 듯 가까워요

## 입체 팔각별

**재료**
- ★ 색종이 두 장, 약 130g, 14×14cm
- ★ 자
- ★ 커터 칼
- ★ 접지주걱
- ★ 풀 or 순간접착제

**크기** ★ 약 20cm

### 이렇게 만들어요

1. 종이를 가로와 세로로 반을 접은 후 폅니다. 종이를 뒤집어서 대각선으로 접었다 다시 폅니다. 종이에 직선과 사선으로 십자 모양이 생겼네요. 직선은 계곡 접기, 사선은 산 접기 모양입니다.
2. 직선으로 접힌 선을 모두 절반가량 자릅니다.
3. 사선이 계곡 접기가 되도록 종이를 내려놓습니다. 4쪽 끝을 모두 뾰족하게 접습니다.
4. 순간접착제로 접힌 면을 붙입니다. 그럼 3차원 별이 됩니다.
5. 똑같은 별을 하나 더 만듭니다.
6. 별 두 개를 엇갈리게 놓고 붙입니다.

---- 이 정도(반)까지 자릅니다.

**TIP** 끈을 묶어 크리스마스트리에 걸면 정말 멋진 장식이 될 거예요.

# 반짝반짝
## 별 조명

| 재료 | | 크기 | 약 6cm |
|---|---|---|---|

**재료**
- ★ 별 5개 용으로 트레이싱 페이퍼 1장, A4 용지 크기, 최소 120g
- ★ 연필
- ★ 자
- ★ 접지주걱
- ★ 커터 칼
- ★ 순간접착제
- ★ LED 등

## 이렇게 만들어요

본을 종이에 옮깁니다. 커터 칼과 자로 잘라냅니다. 등이 들어갈 구멍이 필요하므로 중앙에 작은 십자 모양으로 자릅니다.

1. 선을 접습니다. 작은 오각형은 항상 모서리에서 시작하고 모서리에서 끝냅니다. 큰 오각형은 항상 바깥면의 중앙에서 시작하고 끝냅니다. 따라서 중앙에 작은 점을 표시해 두면 좋습니다. 이제 자와 주걱으로 힘껏 접힌 선을 따라가며 눌러줍니다.
2. 모든 선을 같은 방향으로 접고, 접힌 선을 매끄럽게 눌러 줍니다.
3. 양손으로 살짝 눌러가며 별 모양을 잡습니다.
4. 완성된 별을 잡고 조심조심 큰 삼각형을 작은 삼각형에 붙입니다.
5. 마지막 삼각형으로 별이 완성되면 연필로 등이 들어갈 자리를 만듭니다.
6. 완성된 별을 전등의 작은 LED 전구 위로 꽂습니다.

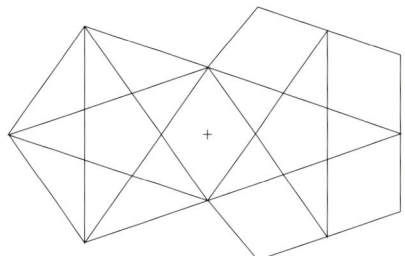

원본 크기의 본은 115쪽에 있습니다.

구릿빛 색조가
고상하고 화려해서
크리스마스 분위기와
참 잘 어울립니다.

# 각이 많아요
## 종이접기 구리 별

**재료** ★ 동박지 7장, 14×14cm　　**크기** ★ 약 15cm

### 이렇게 만들어요

1. 종이를 대각선으로 접습니다. 종이를 다시 펴서 중앙선이 수직이 되도록 놓습니다. 윗면을 가운데로 접어서 연모양을 만듭니다.
2. 아랫면도 중앙선을 따라 위로 접습니다.
3. 위쪽 끝을 옆모서리에 맞추어 오른쪽으로 한 번, 왼쪽으로 한 번 접습니다. 반대편 옆모서리가 덮이도록 합니다.
4. 종이를 뒤집어 180도로 돌립니다. 마름모꼴의 아래쪽에 접힌 사선이 보여야 합니다.

**TIP** 가위나 풀이 필요 없어서 어디서나 쉽게 접을 수 있어요.

5. 아래쪽 끝을 사선 한쪽을 따라 접어 올립니다.

6. 큰 면을 접은 선을 따라 눌러 접습니다. 작은 면을 같은 방향으로 눌러 접습니다. 양쪽 면을 살짝 당기면 큰 각과 작은 각이 생깁니다.

7. 7장을 모두 같은 방식으로 접습니다.

8. 큰 각의 안쪽 면을 펼쳐 다른 종이의 작은 각을 밀어 넣습니다. 그런 다음 안쪽 면을 작은 각을 따라 다시 접습니다. 남은 종이도 이런 식으로 연결하여 원을 만듭니다.

**TIP**

이 방법으로 팔각형 별도 접을 수 있습니다. 각이 짝수인 경우, 여러 가지 색깔의 종이를 사용하여 각의 끝부분 색깔을 다르게 하면 더 예쁘겠지요.

레이스는 너무 구식이라고요?
그럴 리가요! 창문 장식으로
레이스만 한 재료가 있을까요?

# 아름다운 레이스
## 도일리로 만든 별

**재료**
★ 둥근 모양의 큰 도일리 4장
★ 자
★ 커터 칼
★ 딱풀
★ 걸이 용 끈

**크기** ★ 약 36cm

### 이렇게 만들어요

1. 커터 칼과 자를 이용해 도일리 4장을 모두 4등분합니다.
2. 1/4 조각을 반으로 접었다가 다시 펼칩니다.
3. 양쪽의 레이스 가장자리를 가운데로 접어 마름모꼴을 만듭니다.
4. 레이스가 없는 쪽도 가운데로 접습니다.
5. 남은 15조각도 같은 방식으로 접어서 마름모꼴로 만들어주세요.
6. 마름모꼴을 붙입니다. 모든 조각의 중앙을 아래에 놓인 조각의 중앙과 붙입니다. 16조각 모두 붙입니다. 끈을 꿰어 겁니다.

**TIP**
16조각을 붙인 중앙에 작은 레이스를 덮으면 더 보기가 좋겠지요. 물잔 받침대로 쓰는 레이스가 적당할 거예요.

요즘 같은 추운 계절에
집집마다 작은 햇님이 있다면
얼마나 좋을까요?

# 햇님이 인사해요
## 종이접기 18각 햇님 별

**재료**  ★ 컬러 트레이싱 페이퍼 16장, 14×14cm  ★ 접지주걱  ★ 순간접착제 or 풀

**크기**  ★ 약 25cm

## 이렇게 만들어요

1. 사각형 종이를 가로와 세로로 반을 접습니다. 다시 폅니다.
2. 모든 꼭짓점을 가운데로 접어 더 작은 사각형을 만듭니다.
3. 나란히 붙은 두 면을 한가운데로 접습니다.
4. 종이를 뒤집어 덜 뾰족한 삼각형 끝점을 중앙까지 접습니다.
5. 삼각형을 중앙선에 맞추어 접습니다. 열린 면이 안쪽으로 가게 합니다. 같은 방법으로 남은 15장을 똑같이 접습니다.
6. 종이의 접힌 면으로 다음 종이를 끼워 16장을 차례로 연결합니다. 마지막 종이를 끼우면 원이 됩니다. 벌써 햇님이 환하게 빛을 비추네요.

**TIP**
창문에 걸어둘 생각이 아니라면 다른 종이를 사용해도 좋아요. 무늬가 예쁜 포장지도 좋고요. 두 가지 다른 디자인을 번갈아 끼우면 훨씬 예쁘겠죠. 상상력을 발휘해서 멋지게 만들어보세요.

소박하지만 세상 그 무엇보다
아름다운 눈송이가 마음을
끌어당기네요.

# 눈보라

## 흰 종이로 만든 눈송이

**재료** ★ 눈송이 한 개 당 흰 종이 한 장. 사각형, 21×21cm
★ 연필
★ 가위나 커터 칼

**크기** ★ 약 21×21cm

## 이렇게 만들어요

1. 종이의 왼쪽 끝과 오른쪽 끝이 마주하도록 접었다 다시 펼칩니다.
2. 아래 끝을 위로 접습니다.
3. 왼쪽 삼각형의 위쪽 1/3이 덮이도록 오른쪽의 절반 면을 위로 접습니다.
4. 종이를 뒤집어 오른쪽 끝을 왼쪽 모서리로 접습니다.
5. 절반이 덮이도록 왼쪽과 오른쪽을 가운데로 접습니다.
6. 닫힌 쪽이 오른쪽으로 와야 합니다. 이제 오른쪽 끝을 잘라냅니다.

마음대로 무늬를 그려서 자릅니다. 예상보다 훨씬 예뻐서 깜짝 놀랄 거예요.

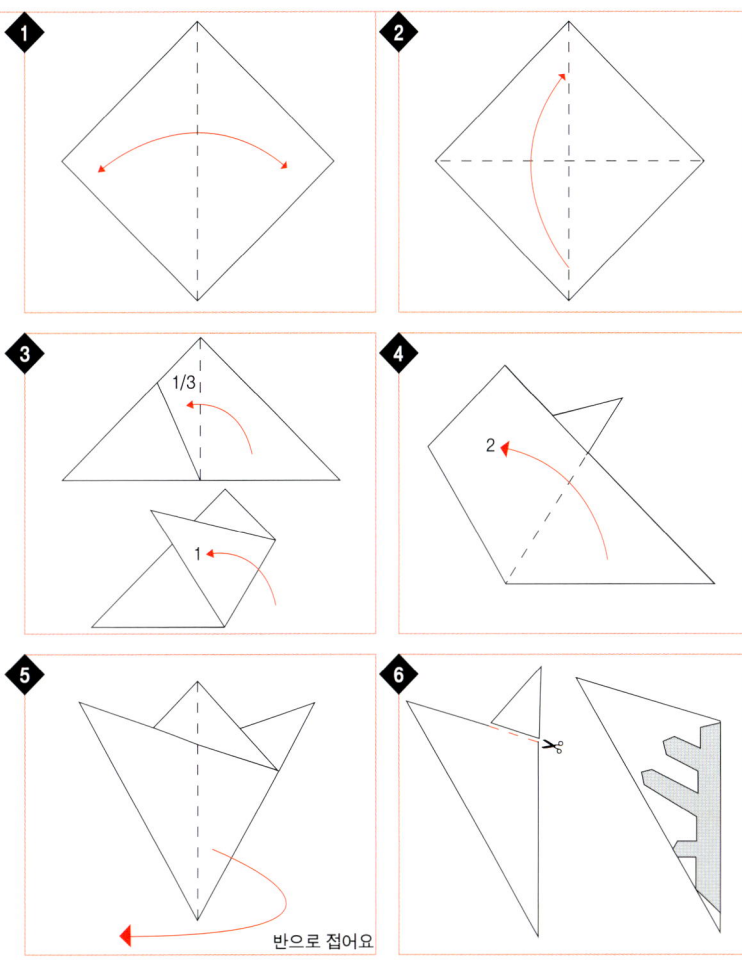

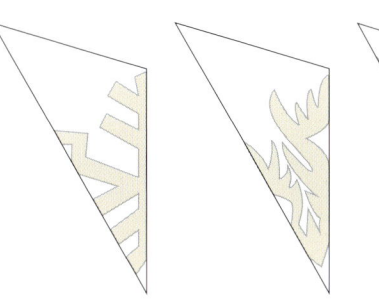

**TIP** 꼭 창문에만 매달 이유는 없지요. 식탁 위에 매달면 매일매일 눈보라가 치는 기분일 거예요. 추워서 오들오들 떨지 않아도 눈보라를 감상할 수 있으니 얼마나 좋을까요.

다양한 무늬로 만들어 보세요.

컬러 트레이싱 페이퍼로 만든 별 위로 햇살이
쏟아져 내리면 만화경처럼 화려한 색색깔
풍경이 집안 가득 펼쳐질 거예요.

# 찬란한 별빛

트레이싱 페이퍼로 만든 창문장식 별

**재료**  ★ 컬러 트레이싱 페이퍼 8장, 14×14cm  ★ 양면테이프 or 풀  ★ 접지 주걱

**크기**  ★ 약 40cm

## 이렇게 만들어요

1. 정사각형 트레이싱 페이퍼의 위쪽 끝을 아래쪽 끝에 맞추어 접습니다. 왼쪽 끝을 오른쪽 끝에 맞추어 접습니다. 다시 펼칩니다. 종이 한가운데에 십자 모양으로 접힌 선이 만들어졌어요.
2. 이제 왼쪽 끝과 오른쪽 끝을 각각 가운데로 접습니다.
3. 위쪽의 대각선 면 역시 가운데로 접습니다.
4. 양쪽 절반의 제일 끝 점 역시 가운데 선에 맞추어 접습니다.

**TIP** 여러 가지 색깔을 조합하면 훨씬 다채로운 모양의 별이 탄생할 거예요.

5. 접힌 선을 눌러 매끈하게 문지른 후 다시 펼칩니다.
6. 오른쪽과 왼쪽의 아래 모서리(6번 사진의 ⭕ 부분)를 새로 생긴 선에 맞추어 접습니다. 그럼 양면이 접힌 선에서 만나게 됩니다. 남은 7장도 똑같은 방법으로 접습니다.
7. 8장을 모두 완성하면 양면 테이프를 작게 잘라 아래쪽 끝부분끼리 붙입니다.(스티키 닷(sticky dot)이라는 제품은 동그란 모양의 양면 테이프라서 사용이 편합니다.)
8. 별 모양이 되도록 8장을 모두 같은 방식으로 붙입니다.

**TIP**
이 별은 창의력을 마음껏 펼칠 수 있어요. 다양한 접기 방법으로 가지각색의 새로운 무늬를 만들 수 있거든요.

# 필리그란 별

**필리그란** : 금은 세공(金銀細工)의 일종. 금은을 치선상(縒線狀) 내지 입상(粒狀)으로 하여, 금·은·유리그릇에 융착(融着)시켜 장식으로 하는 세공. 고대 미술(古代美術)·비잔틴(Byzantine) 미술 등에서 성하였음 - 역자 주

이 작은 예술작품을
보고 감탄하지 않을
사람이 과연 있을까요?

# 클래식
## 프뢰벨 별

**재료**
★ 같은 길이의 종이 띠 4장, 가령 1.5×44cm
★ 가위

**크기**
★ 약 6.5cm
★ 높이 : 약 4cm

### 이렇게 만들어요

종이 띠는 직접 종이를 잘라 만들거나 시중에서 살 수 있습니다. 직접 자를 때에는 정확하게 직선으로 잘라야 하고 길이가 넉넉해야 합니다.

1. 종이 띠를 모두 반으로 접어 그림 1처럼 끼웁니다.
2. 종이 띠를 잡아당깁니다.
3. 아래쪽 종이 띠는 위로 구부립니다.
4. 오른쪽 종이 띠는 왼쪽으로 구부립니다.
5. 위쪽 종이 띠는 아래로 구부립니다.
6. 왼쪽 종이 띠는 오른쪽으로 구부려서 첫 번째 종이 띠 아래로 통과시킵니다.
7. 십자로 얽힌 종이 띠를 잡아당깁니다.

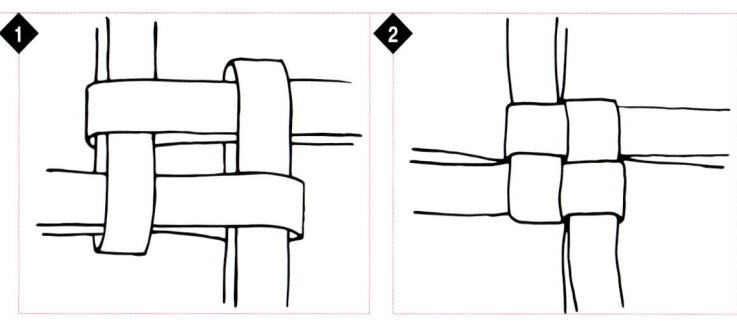
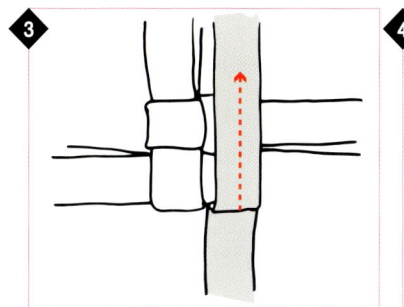
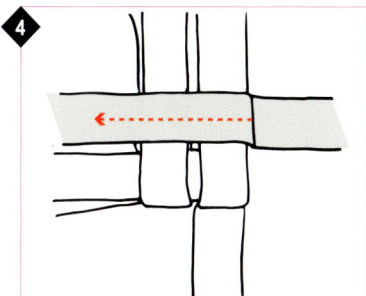
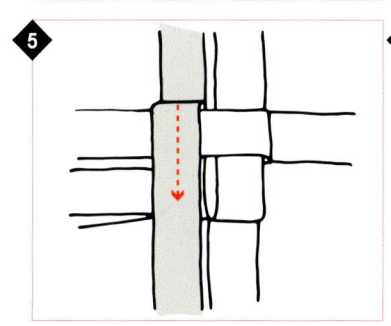
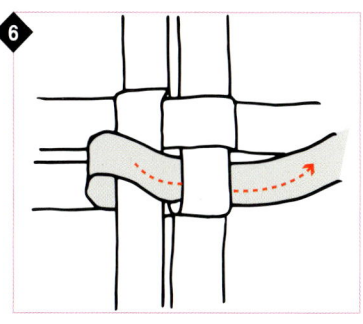
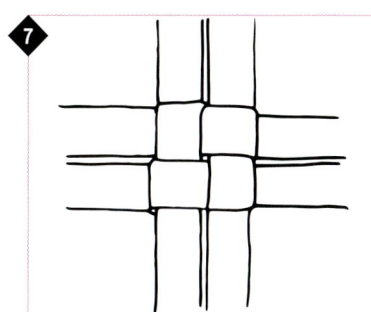

**TIP** 종이 띠의 끝부분을 미리 사선으로 잘라두면 엮은 후 잡아당길 때 편합니다.

**프뢰벨 별** : 독일의 교육자 프리드리히 프뢰벨의 이름을 딴 3차원 입체 별 입니다. 모양이 예뻐서 크리스마스 장식으로 많이 사용됩니다. - 역자 주

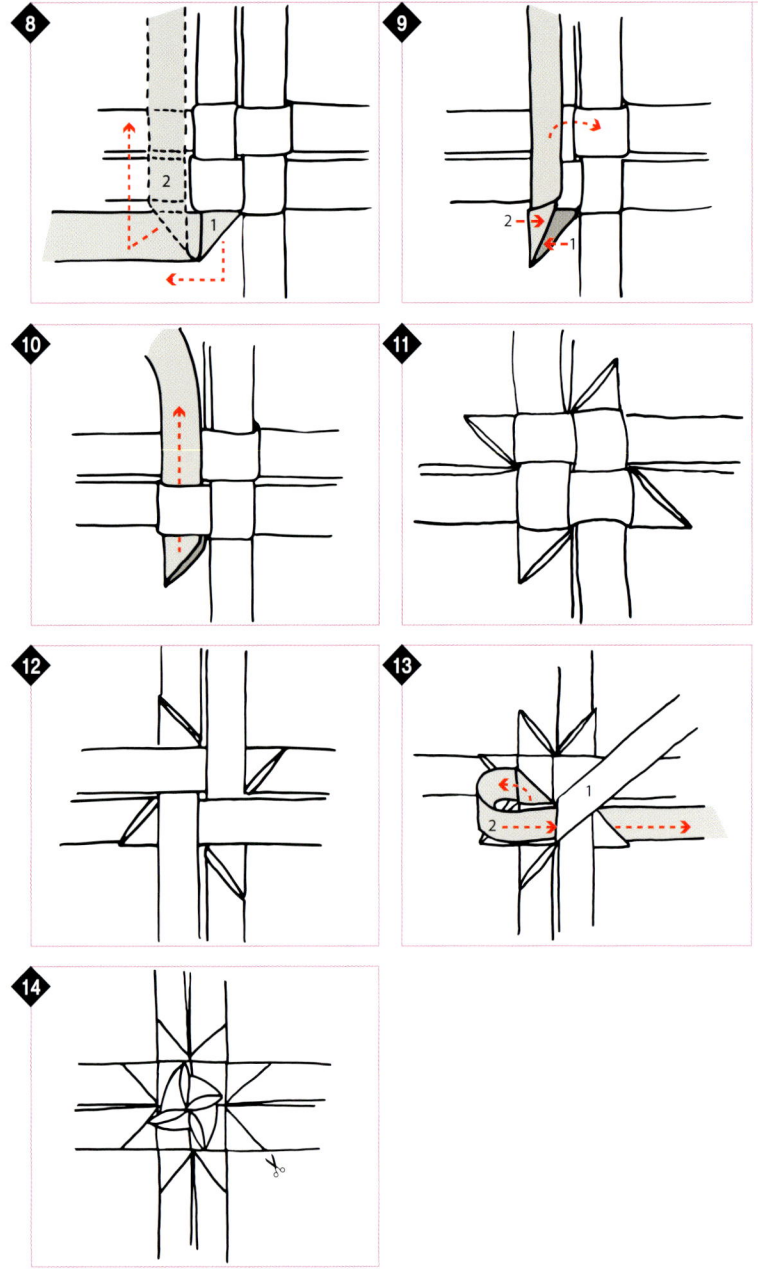

8. 이제 별의 옆면을 접어야 할 때입니다. 아래의 두 종이 띠 중에서 왼쪽 종이 띠를 뒤로 꺾어서 90도로 접어 왼쪽을 향하게 합니다. (1) 그것을 다시 90도 앞으로 꺾어 위를 향하게 합니다. (2)

9. 끝부분 (2)을 끝부분 (1)에게로 접습니다.

10. 종이 띠의 끝을 사각형 매듭 사이로 밀어 넣습니다. 끝부분을 살짝 아래로 구부려 잡으면 아주 쉽게 할 수 있습니다.

11. 작업을 시계방향으로 진행하여 남은 면들도 같은 방식으로 만듭니다. 다 만들었으면 뒤집습니다. 그러면 그림 11과 같은 모양이 됩니다.

12. 8-10 단계를 네 모퉁이 모두에서 반복합니다. 물론 이때에도 시계방향으로 진행합니다. 그럼 그림 12와 같은 모양이 됩니다.

13. 이제 별의 위쪽 끝부분을 접습니다. 왼쪽을 향하는 두 종이 띠 중 아래 종이 띠 (1)을 치켜들어 그 아래의 덮개가 보이도록 합니다. 위를 향하는 종이 띠 중 왼쪽 종이 띠 (2)를 90도 뒤로 접은 후 띠의 끝을 그 덮개 사이로 집어넣었다가 오른쪽 끝부분으로 도로 뺍니다.

14. 시계방향으로 돌려가며 13단계를 남은 세 군데 모서리에서도 반복합니다. 4개의 끝이 완성되면 별을 뒤집어 반대 면에서 전체 과정을 다시 한번 되풀이합니다. 남은 종이 띠는 잘라냅니다.

**TIP** 아주 기다란 종이 띠를 쓰면 선물 포장용 리본으로도 손색이 없어요. 밴드로 사용하고 싶을 때는 별의 한쪽 끝만 잡고, 마지막에 남은 종이 띠를 자르지 않아야 합니다.

# 반짝이는 꽃

## 별꽃

**재료**
★ 같은 색 양면 색종이 혹은 양면 무늬 색종이 2장, 약 130g, 21×21cm
★ 연필
★ 커터칼 혹은 가위
★ 접지주걱
★ 순간접착제
★ 장식용 보석

**크기** ★ 약 21cm

### 이렇게 만들어요

1. 종이를 대각선으로 접어 삼각형을 만듭니다. 이것을 다시 반으로 접어 작은 삼각형을 만듭니다.
2. 삼각형은 가운데 부분을 아래 본에 딱 맞추어 자릅니다.
3. 본에 그려진 선을 따라 자릅니다. 다 자르지 말고 가운데는 조금 남겨줍니다.
4. 조심스럽게 펼칩니다.
5. 첫 번째 별의 가운데 끝을 안으로 구부려 순간접착제로 한가운데를 고정시킵니다.
6. 이 별을 옮겨 두 번째 별의 가운데에 붙입니다. 이 때 두 개의 별을 ╋ + ✕ 이런 모양으로 붙입니다.
7. 아래 별의 가운데 끝부분 역시 안으로 구부려 위쪽 별에 붙입니다. 마지막으로 가운데에 작은 장식용 보석을 붙입니다.

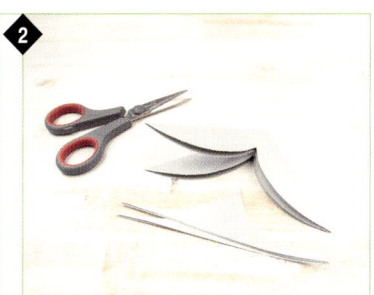

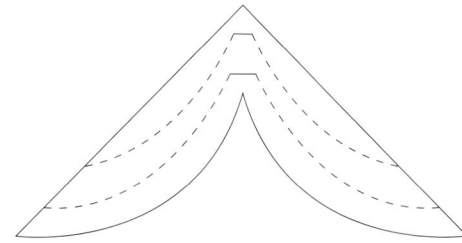

원본 크기의 본은 114쪽에 있습니다.

적은 노력, 큰 효과.
가성비 끝인 이 별은
절대 실패할 일이 없어요.

# 순식간에 만드는 별
## 알록달록 종이 띠로 만드는 마름모 별

**재료**
- ★ 양면 무늬 마분지, 약 250g
- ★ 자
- ★ 연필
- ★ 커터칼
- ★ 순간접착제
- ★ 필요하다면 걸이 용 끈

**크기**
- ★ 약 27cm

## 이렇게 만들어요

1. 색 마분지로 종이 띠를 6~8개 만듭니다. 가령 길이 18cm, 넓이 1.5cm 종이 띠를 만들어봅니다.

2. 붙일 곳을 연필로 표시한 후 고리 모양이 되도록 순간접착제로 종이 띠를 붙입니다.

3. 종이 고리를 눌러 납작하게 만듭니다. 다시 펴서 다른 방향으로 또 한 번 누릅니다. 펼치면 작은 마름모꼴이 됩니다.

4. 6~8개의 마름모꼴이 만들어지면 각 마름모꼴의 네 각 중 하나를 모아 붙입니다. 항상 중앙을 붙여야 합니다.

**TIP**
단단한 마분지로 만들면 크리스마스 용 냅킨 링으로 사용할 수 있어요. 손님마다 개성에 맞게 다른 색으로 만들면 식탁이 정말 화려할 거예요.

복잡할 것 같지만
아주 간단하답니다.
우아하기도 하고요.

# 눈의 여왕
## 종이 6장으로 만든 큰 눈송이

**재료**
★ 같은 색 양면 색종이 6장, 약 90g, 14×14cm
★ 커터칼이나 가위
★ 자
★ 스테이플러
★ 순간접착제 or 풀

**크기** ★ 약 40cm

## 이렇게 만들어요

1. 6장의 정사각형 종이를 2가지 디자인으로 접을 거예요.
2. 종이를 대각선으로 접어 삼각형을 만듭니다.
3. 삼각형을 오른쪽으로 접습니다. 접힌 면이 왼쪽을 향합니다.
4. 가위나 커터칼로 접힌 면을 세 번 살짝 자릅니다. 자른 선이 접히지 않은 면과 수평이 되어야 합니다.

5. 종이를 조심스럽게 펼칩니다.
6. 가장 안쪽 사각형을 안으로 말아서 순간접착제(풀)로 붙입니다.
7. 그다음 사각형의 끝부분은 바깥쪽으로 말아서(6번과 반대방향) 뒷면을 붙입니다. 남은 종이 띠는 안쪽과 바깥쪽을 번갈아 가며 끝부분을 모아 붙입니다.
8. 7번까지 만든 별을 3개씩 모아 스테이플러로 끝을 집어줍니다. 3개씩 고정시킨 별 2쌍을 다시 한번 모아 스테이플러로 고정하세요.

**TIP** 작게 만들어도 너무 예뻐서 선물 포장 장식으로 안성맞춤이랍니다.

별 기차

마법같은 무늬로
나만의 겨울 왕국을
만들어보아요.

# 눈송이 마법
## 빵 봉투로 만든 별

**재료**
- ★ 빵 봉투 8-10장
- ★ 단단한 마분지나 판지
- ★ 연필
- ★ 집게핀
- ★ 가위나 커터칼
- ★ 양면테이프 (혹은 딱풀)
- ★ 펀치
- ★ 걸이 용 끈

**크기** ★ 약 40cm

## 이렇게 만들어요

1. 마분지로 본을 만들어 봉투에 옮깁니다.
2. 시간 절약을 위해 봉투를 4~5장 겹쳐서 칼이나 가위로 패턴을 자르거나 구멍을 내세요.
3. 봉투를 다 잘랐으면 하단 가장자리와 가운데를 따라 양면테이프나 딱풀을 붙입니다.
4. 바깥쪽 봉투가 약하기 때문에 보강용으로 마분지 본을 붙입니다.
5. 원 모양으로 붙여 별을 만듭니다. 위쪽 마분지로 붙인 곳에 펀치로 구멍을 뚫어 끈으로 고정시킵니다.

**TIP** 매번 살짝 다른 모양으로 종이를 자르고 구멍을 내보세요. 색다른 모양에 홀딱 반할 거예요. 빵 봉투 말고 색 투명봉투를 사용하면 더 화려한 장식품이 될 거예요. 티캔들 바람막이용으로 사용하는 투명봉투 같은 것이 좋을 거예요.

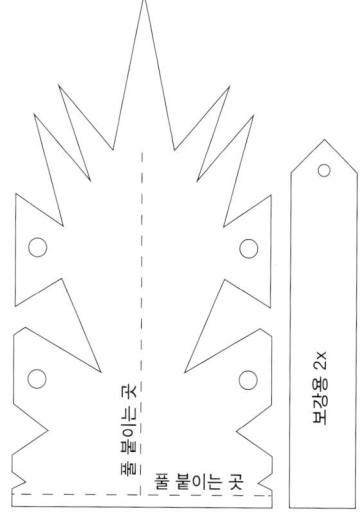

# 가지각색 별
## 한 장으로 만든 필리그란 별

**재료**
- ★ 같은 색 양면 색종이, 최소 200g
- ★ 연필
- ★ 자
- ★ 커터 칼
- ★ 걸이 용 끈
- ★ 펀치

**크기**
- ★ 약 13cm

### 이렇게 만들어요

1. 원하는 크기의 본을 색종이에 옮깁니다. 커터 칼과 자를 이용해 선을 자릅니다.
2. 종이를 조심조심 구부려 원하는 형태로 만듭니다. 표시한 자리에 구멍을 뚫어 끈을 끼웁니다.

원본 크기의 본은 116쪽에 있습니다.

**TIP** 작은 장식품이나 보석을 달면 개성 넘치는 별이 될 거예요. 책이나 잡지로 만들어도 참 예쁘답니다.

# 별 동전
## 페스툰

**재료**
- ★ 무늬 색지, 약 90-110g
- ★ 연필 or 볼펜
- ★ 커터 칼이나 가위
- ★ 재봉틀

**크기** ★ 약 6cm

### 이렇게 만들어요

1. 별 모양을 마분지에 그려 색지에 옮긴 후 커터 칼이나 가위로 자릅니다. 별의 크기와 양은 원하는 대로 하세요.
2. 재봉틀로 별을 박습니다. 한 개가 완성되면 실을 끊지 말고 재봉틀을 계속 돌립니다. 완성된 별을 뒤로 밀면서 다음 별을 노루발 밑으로 밀어 넣습니다. 그럼 두 별이 느슨하게 실로 연결되겠지요.

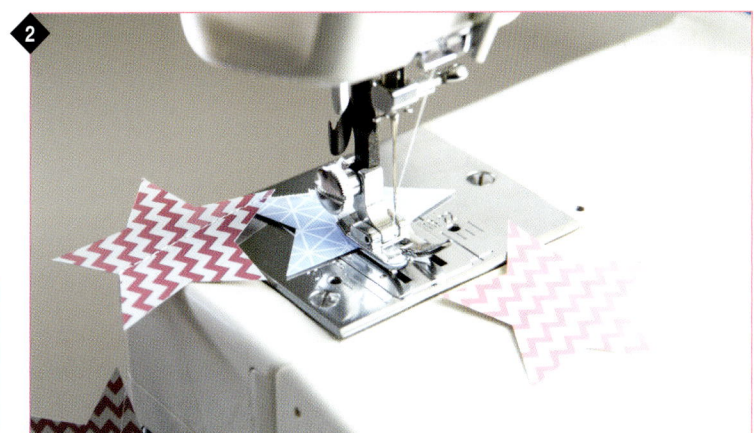

**TIP** 크리스마스 시즌이 아니어도 이 별 페스툰으로 파티 분위기를 낼 수 있어요. 남은 종이나 잡지를 사용해도 멋진 페스툰이 탄생한답니다. 낱개로 선물 장식에 붙여도 아주 예쁘지요.

**화강장식**(花綱裝飾, festoon, feston) : 현화(縣花)라고도 부르는 서양 장식모티브의 일종입니다. 화초의 잎, 열매가 붙은 작은 가지를 짜서(編), 굵은 줄모양으로 옆으로 거는 형태를 말합니다. - 역자 주

**페스툰** : 축제에서 장식으로 사용되는 꽃장식, 꽃줄 장식을 말합니다. - 역자 주

원본 크기의 본은 115쪽에 있습니다.

빨리, 금방 만들 수 있어요.
그래도 장식 효과는
환상적이랍니다.

# 작은 별아, 꼭꼭 숨어라!
## 끼워 만든 별

**재료**
- ★ 매우 단단한 양면 인쇄 마분지, 약 300g
- ★ 연필 or 볼펜
- ★ 커터칼
- ★ 펀치
- ★ 걸이 용 끈

**크기**  ★ 가령 약 7cm

## 이렇게 만들어요

1. 본에 맞추어 별 두 개를 그려 자릅니다.
2. 끼웁니다.

원본 크기의 본은 115쪽에 있습니다.

트리 장식에 어울리는 별이에요. 펀치로 구멍을 내서 끈을 끼우면 나무에 매달 수 있어요.

# 모던 디자인 별 2

책을 재활용할 수 있는 최고의 방법은 역시 별 접기지요.

# 별을 보며 책을 읽어요
## 책으로 팔각별 만들기

**재료**  ★ 헌책 (신문지도 좋아요)  ★ 펀치
　　　　★ 자　　　　　　　　　★ 접착제
　　　　★ 칼　　　　　　　　　★ 끈

**크기**  ★ 약 9cm

### 이렇게 만들어요

1. 헌책을 뜯어서 그 종이로 10×5cm 크기의 직사각형 8장을 자릅니다. 8장 모두 가로로 반을 접습니다.
2. 위쪽 양 모서리를 아래로 접습니다. 그리고 반으로 접습니다.
3. 이제 이 접은 8장의 종이를 차례로 끼워 별을 만듭니다. 뾰족한 부분을 다른 별의 작은 "주머니"에 끼워 넣습니다.
4. 마지막 종이를 끼우면 별이 완성됩니다. 종이가 빠질 수도 있으니 접착제로 살짝 붙여 주세요.

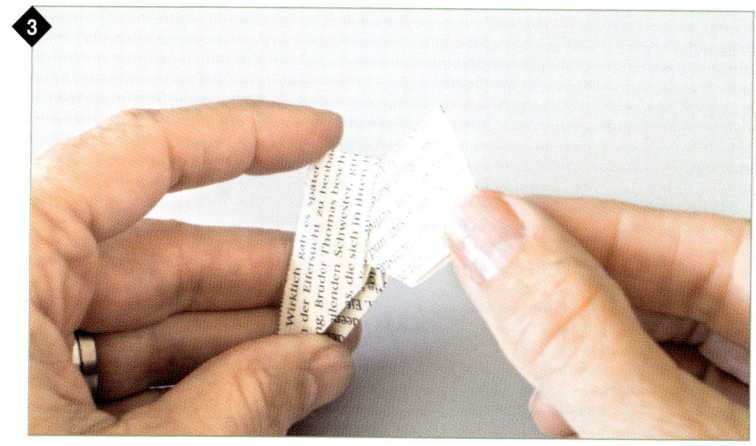
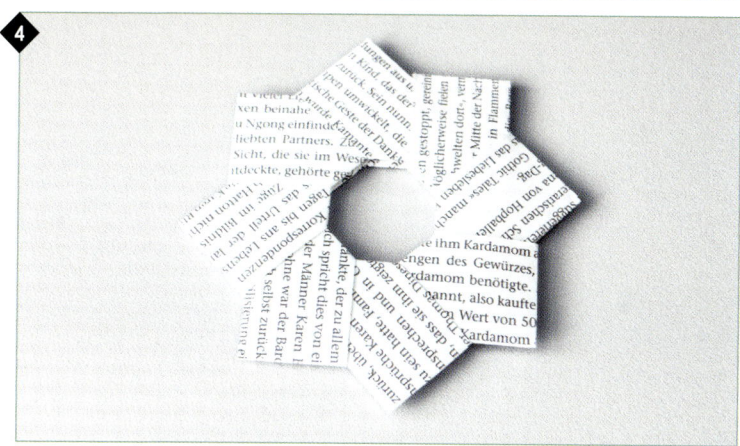

**TIP** 펀치로 구멍을 내서 예쁜 끈을 끼우면 별을 매달 수 있어요.

트리에도, 선물 포장에도,
화환에도, 창문 장식에도……
언제 어디나 어울리는 별 장식이죠.

# 시간의 별
## 티백 폴딩 별

**재료**
★ 무늬 종이/색종이 8장, 약 80-100g, 7×7 cm
★ 접지주걱
★ 풀

**크기** ★ 약 14cm

### 이렇게 만들어요

1. 색깔이나 무늬가 있는 면이 위로 오도록 종이를 놓고 먼저 대각선으로 접습니다. 다시 펼치고 종이를 뒤집은 다음 가로와 세로로 접습니다. 다시 펼칩니다.

2. 종이를 사진처럼 접습니다. 무늬나 색깔이 있는 면이 밖으로 와야 합니다.

3. 열린 쪽이 아래를 향하게 합니다. 이제 아래 양쪽 바깥 선을 중앙선으로 접습니다. 접힌 선을 접지주걱으로 잘 펴서 문지릅니다. 접힌 부분을 다시 펼칩니다.

4. 종이의 윗부분을 조심스럽게 열어 작은 주머니처럼 만듭니다.

5. 앞서 접은 선 양쪽 면을 안으로 접고, 위쪽 끝부분을 완전히 위로 접은 후 조심스럽게 문지릅니다. 이것이 첫 번째 날개입니다. 이제 7개의 날개를 더 만듭니다.

6. 8개의 날개 아래 면을 풀로 모두 붙입니다. 마지막 날개를 첫 날개 아래로 밀어 넣고 역시나 풀로 붙입니다.

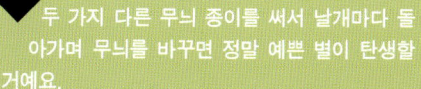
두 가지 다른 무늬 종이를 써서 날개마다 돌아가며 무늬를 바꾸면 정말 예쁜 별이 탄생할 거예요.

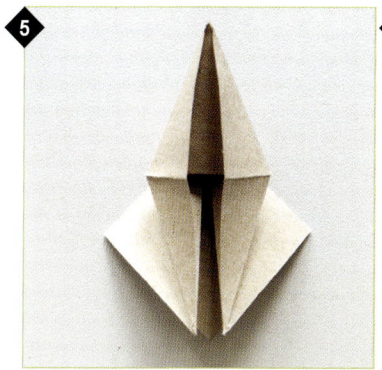

트레이싱 페이퍼로
접으면 창문에도
잘 어울려요.

# 동그라미 별

18개의 날개로 접은 둥근 별

**재료**  ★ 정사각형 종이 18장, 14×14 cm
★ 다른 색 양면 종이여도 괜찮습니다.

**크기**  ★ 약 17 cm

## 이렇게 만들어요

1. 종이를 아래로 접습니다. 다시 펼쳐서 뒤집습니다. 위의 양쪽 모서리를 가운데로 접습니다.
2. 아래 부분의 절반을 위의 삼각형 쪽으로 접었다 펼칩니다.
3. 삼각형을 뒤로 꺾어 접습니다.
4. 아래 면을 위로 접고 아래 부분의 위쪽 절반을 다시 한번 절반으로 접습니다.
5. 종이를 뒤집어 삼각형의 끝부분이 위를 보고 삼각형의 열린 면이 보이도록 합니다. 아래 절반을 완전히 위로 접은 후 뒤집어 주세요. 끝부분은 계속 위를 향합니다.
6. 옆의 작은 모서리를 앞으로 접어 틈 사이로 집어넣습니다.
7. 전체를 반으로 접어 삼각형의 열린 면이 안을 향하게 합니다. 첫 번째 "날개"가 완성되었습니다. 남은 17개의 날개도 접습니다.
8. 이 18개의 날개를 서로 끼웁니다. 돌출되어 있는 사각형의 측면 부분이 앞날개의 양쪽 주머니로 들어가야 합니다. 그럼 그림과 같은 모양이 됩니다. 마지막 날개를 끼워 원을 만듭니다.

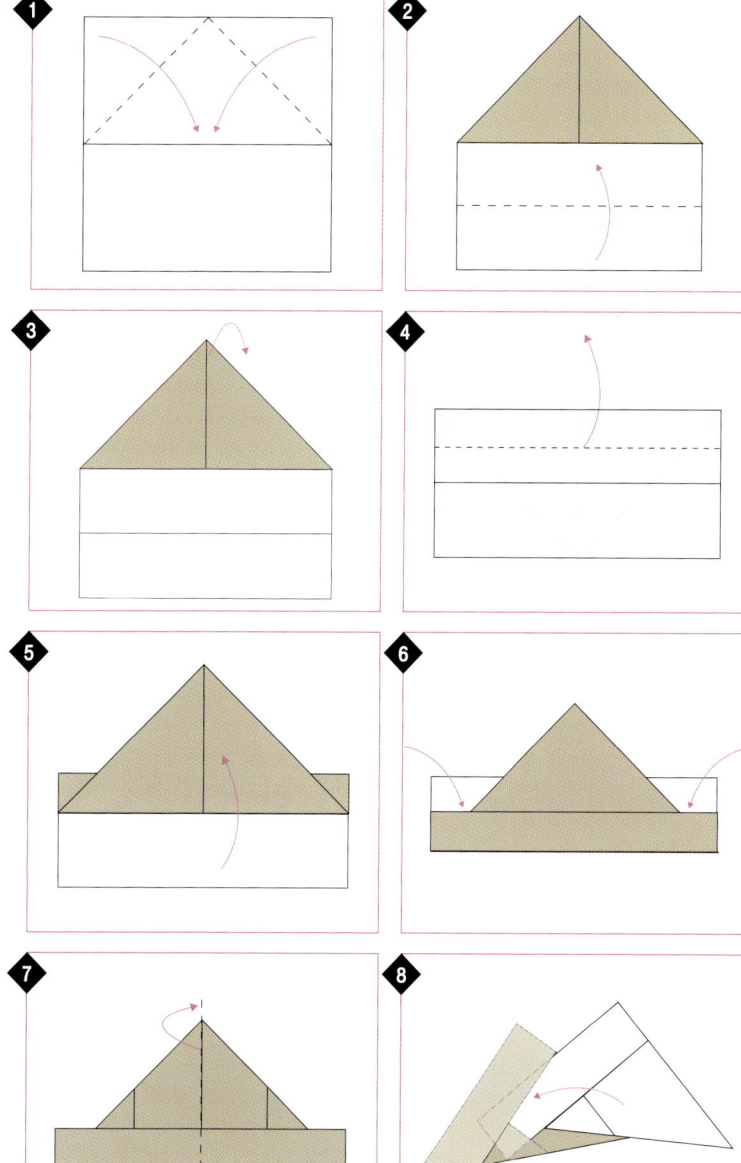

**TIP**
끼울 때 뒷면에 트레이싱 페이퍼용 접착제를 바르면 모양이 흐트러지지 않아요.

67

# 별 중의 별

오로지 접기로만 만든 별

**재료** ★ 정사각형 종이, 60~80g, 21×21cm
★ 커터 칼이나 가위

**크기** ★ 약 12cm

## 이렇게 만들어요

1. 종이를 아래에서 위로 접습니다. 왼쪽 위 모서리를 아래 선에 맞추어 접습니다. (접은 자국이 필요한 것이므로 중앙을 살짝 눌러 자국만 내면 됩니다.) 다시 펼칩니다.

2. 왼쪽 아래 모서리를 위쪽 선에 맞추어 접습니다. 이것도 살짝 눌러 표시만 한 다음 다시 펼칩니다.

3. 왼쪽 가운데 면에 작은 십자 자국이 생겼습니다. 오른쪽 아래 모서리를 이 십자의 중심으로 오게 접어주세요. 접지주걱으로 매끈하게 문지릅니다.

4. 이번에는 이 왼쪽 모서리를 3번에서 접은 오른쪽의 가장자리에 맞춰 접습니다. 작은 사탕 봉지 모양의 형체가 생겼네요.

5. 왼쪽 아래 모서리를 이 작은 사탕 봉지의 왼쪽 바깥 선을 따라 위로 접습니다.

6. 종이의 이 왼쪽 절반을 뒤로 꺾습니다. 모든 선과 면이 정확히 겹쳐져야 합니다.

7. 겹쳐지지 않는 윗부분을 커터 칼이나 가위로 자릅니다. (그림 6의 표시를 참고하세요.)

8. 펼치면 오각형이 나옵니다. 지금까지의 8단계를 생략하고 싶다면 그냥 63쪽 본을 활용하면 됩니다.

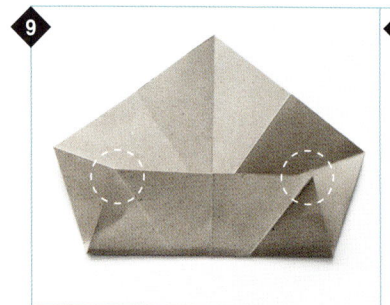

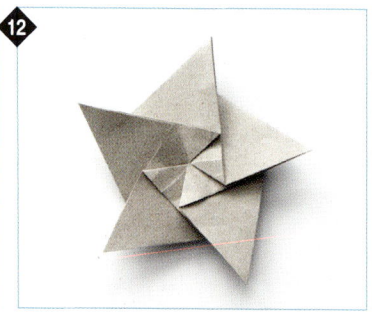

9. 오각형을 색이나 무늬가 있는 면이 아래로 오게 놓으세요. 접을 선이 왼쪽 면과 오른쪽 면의 기존 접힌 선에 닿도록 아래 선을 위로 접으세요. (그림 9를 참고하세요.) 다시 펼칩니다. 모든 면에서 똑같이 합니다. 한가운데에 접힌 선이 이제 끝부분 없는 별 모양이 되었습니다.

10. 한쪽 선을 다시 위로 접고 오른쪽 모서리를 아래로 잡아당기면 그 옆의 오른쪽 선도 같이 포개집니다. 안쪽에 생긴 접힌 선을 매끈하게 문지릅니다. 모든 선에서 이 과정을 되풀이합니다. 그러면 오각형 선이 만들어 집니다.

11. 새로 생긴 선을 살짝 누릅니다. 선을 따라 별을 안쪽으로 접습니다.

12. 그러면 그림 12와 같은 모양이 됩니다.

13. 별을 뒤집습니다. 중앙의 오각형 각 모서리를 중앙점을 향해 접고 바깥쪽 끝부분을 반으로 접습니다. 시계방향으로 계속해서 똑같이 접습니다. 마지막 모서리를 접을 때는 첫 모서리를 살짝 펼쳤다가 접은 후 다시 누릅니다.

14. 짜잔! 별이 완성되었습니다.

**TIP**
냅킨 접기에도 많이 사용하는 가볍고 얇은 데 쿠파주 종이로 접으면 진짜 예쁜 별이 탄생할 거예요.

클래식하고 예쁘고
우아한데 보기보다
어렵지도 않아요.

**TIP** 크기를 달리해서 접어도 좋아요. 종이의 가로 길이와 세로 길이의 비율이 1:2가 되기만 하면 되거든요.

# 별똥별
## 두 가지 색깔 별

**재료** ★ 양면이 다른 색깔인 정사각형 종이 8장, 약 100g, 15×7.5cm

**크기** ★ 약 12cm

### 이렇게 만들어요

양면 색깔이 다른 종이를 쓰면 두 가지 색이 나옵니다. 조금 더 변화를 주고 싶다면 1단계에서 종이 색깔을 번갈아 가며 바꾸면 됩니다. 여러 가지 색깔의 종이를 써도 되겠지요.

1. 왼쪽 위 모서리를 아래 선에 맞추어 접습니다.

2. 같은 모서리의 오른쪽 선을 새로 생긴 선 쪽으로 다시 접습니다.

3. 종이를 뒤집습니다. 뒤집을 때 상하로도 뒤집으세요. 앞에서 접은 선은 보이지 않습니다. 이 선이 위쪽 바깥 선과 만나는 곳으로 종이의 아래 선을 위를 향해 접습니다. 연필로 이 자리를 표시합니다. 사진 3과 같은 모양이 됩니다.

4. 3에서 보이지 않던 선이 이제 일부 다시 보입니다. 그 선을 따라 오른쪽 면을 위로 접습니다.

5. 두 가지 색깔이 만나는 끝부분을 원래의 바깥 선을 따라 다시 아래로 접습니다. 첫 번째 "날개"가 완성되었네요. 나머지 7개의 날개도 같은 방법으로 만듭니다.

6. 첫 번째 날개의 오른쪽을 다시 오른쪽으로 접습니다. 두 번째 날개를 사진과 같이 첫 번째 날개의 작은 삼각형 주머니 속으로 끼웁니다.

7. 첫 번째 날개의 펼친 부분을 다시 접어 두 번째 날개의 뒷부분을 끼웁니다. 나머지 여섯 부분도 똑같이 합니다.

8. 마지막 날개를 앞날개 주머니에 집어넣습니다. 마지막으로 첫 번째 날개의 왼쪽 면을 위로 빼서 마지막 날개의 작은 삼각형에 집어넣습니다.

끼우는 부분

인내심이 좀 필요하지요. 그래도 보람 있어요. 작은 별 3개로 멋진 주사위 별이 탄생했거든요.

# 별 무더기
## 3D 주사위별

**재료**  ★ 종이 띠 3장, 넓이 1.5cm, 길이 약 40cm
★ 가위

**크기**  ★ 약 5cm

### 이렇게 만들어요

1. 세 장의 종이 띠를 반으로 접고 끝부분을 사선으로 자릅니다. 사선으로 잘라두면 나중에 끼울 때 수월합니다. 띠 한 장을 반으로 접어서 두 번째 띠 사이로 밀어 넣고, 이 두 번째 띠 둘레로 세 번 세게 돌려 접습니다. 이 과정을 모든 띠에서 반복합니다.

2. 세 장의 띠를 사진 2와 같이 서로 엮어서 한 가운데에 작은 삼각형이 생기게 만듭니다.

3. 띠를 꽉 잡아당깁니다. 주사위의 반쪽이 완성되었습니다.

4. 이 반쪽 주사위의 막힌 면을 뒤쪽에서 붙잡습니다. 이어 이중으로 겹친 종이 띠를 오른쪽에서 왼쪽으로 접고, 가운데 종이 띠는 위에서 아래로 (당신을 향해서), 왼쪽 종이 띠는 오른쪽으로 접습니다. 이 왼쪽 종이 띠를 마지막 겹친 종이 띠 아래로 밀어 넣어 고정시킵니다. 1단계에서 접었던 자국이 도움이 됩니다. 이 자국이 주사위 형태를 정해주거든요. 종이 띠를 단단히 당깁니다.

5. 주사위가 완성되어 사진 5와 같은 모양이 됩니다.

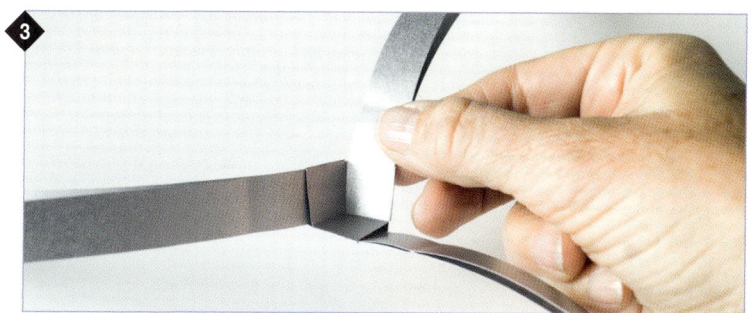

6. 끝부분을 접기 위해 주사위를 사진처럼 붙잡습니다. 그리고 겹친 띠를 하나씩 차례로 오른쪽에서 왼쪽으로 앞의 주사위 면 사이로 밀어 넣습니다. 다 들어갔으면 조심스레 잡아당깁니다. 남은 띠는 잘라냅니다.

7. 주사위를 돌려 나머지 세 장의 띠로도 같은 과정을 거칩니다. 이때에는 종이 띠를 첫 번째 매듭 밑으로 밀어 넣습니다. 조심스레 당기고 남은 띠는 잘라냅니다.

8. 주사위가 완성되었네요.

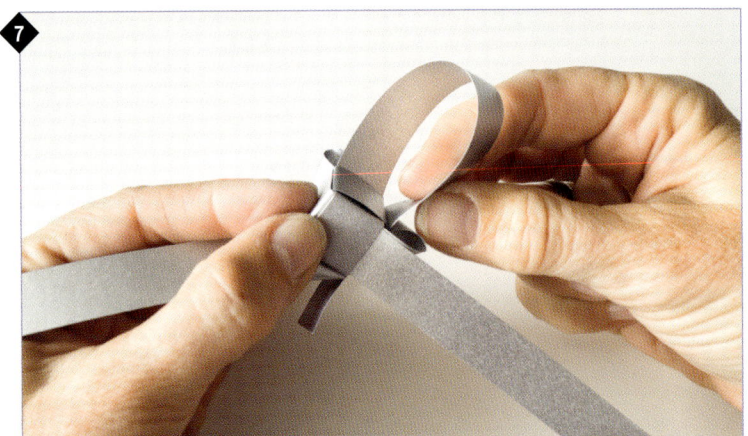

**TIP**

작은 주사위별을 글루건으로 화환에 붙여보세요.

# 장식용 별

별이 별을 담고 있네요. 작지만
장식용으로 쓰기 좋은 별 접시예요.
크리스마스가 아니어도 접어
써보세요.

## 종이에 담아요
### 한 장으로 만든 별 접시

**재료**  ★ 정사각형 종이, 15×15cm
　　　　★ 커터 칼이나 가위

**크기**  ★ 약 8cm

### 이렇게 만들어요

1. 종이를 아래에서 위로 접습니다. 왼쪽 위 모서리를 아래 선에 맞추어 접습니다. (접은 자국이 필요한 것이므로 가운데를 살짝 눌러 자국만 내면 됩니다.) 다시 펼칩니다.

2. 왼쪽 아래 모서리를 위쪽 선에 맞추어 접습니다. 이것도 살짝 눌러 표시만 한 다음 다시 펼칩니다.

3. 왼편 절반 면에 작은 십자 자국이 생겼습니다. 이 십자의 중심으로 오른쪽 아래 모서리를 접습니다. 접지주걱으로 매끈하게 문지릅니다.

4. 이번에는 이 왼쪽 모서리를 종이의 오른쪽 바깥 선에 맞추어 오른쪽으로 접습니다. 작은 사탕 봉지 모양의 형체가 생겼네요.

5. 왼쪽 아래 모서리를 이 작은 사탕 봉지의 왼쪽 바깥 선을 따라 위로 접습니다.

6. 종이의 이 왼쪽 절반을 뒤로 꺾습니다. 모든 선과 면이 정확히 겹쳐야 합니다.

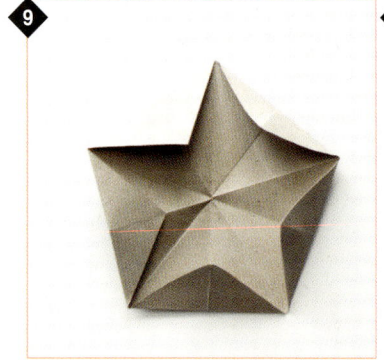
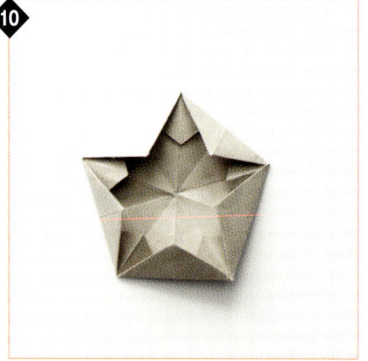

7. 튀어나온 윗부분을 커터 칼이나 가위로 자릅니다. (그림 6의 표시를 참고하세요.)

8. 펼치면 오각형이 나옵니다. 원하는 색깔의 면이 아래로 가기 때문에 지금은 보이지 않습니다.

9. 이 오각형의 모든 끝부분을 사진처럼 안쪽으로 접어 작은 오각형을 만듭니다. 안쪽에 귀여운 오각 별이 하나 생겼네요.

10. 9단계를 또 한 번 반복합니다. 바깥의 모양은 오각형을 유지합니다. 안쪽에 더 작은 별이 하나 더 생겼습니다.

11. 오각형을 뒤집습니다. 모든 끝부분을 사진처럼 바깥 선 너머 위로 접습니다.

12. 다섯 개의 끝부분을 다 접었으면 손가락으로 접시 모양을 만듭니다.

**TIP**
1~8단계를 생략하고 싶다면 80쪽의 오각형 본을 복사해서 사용하세요.

# 어떻게 놓아도 제일 예쁜 면이 보이는 별

# 쓱싹!
## 오각 별로 만든 3D 접기 별

**재료**
- ★ 색 마분지, 약 160g
- ★ 연필
- ★ 자
- ★ 커터 칼
- ★ 필요하다면 모양 펀치
- ★ 풀
- ★ 펀치
- ★ 끈(실)

**크기** ★ 약 10cm

### 이렇게 만들어요

1. (63쪽의) 본을 이용해 단단한 색 마분지로 12개의 별을 그리고 자와 커터 칼을 사용해서 자릅니다. 모양 펀치를 이용해 별을 만들어도 좋습니다.

2. 12개의 별 모두 다섯 개의 끝부분을 위로 구부립니다.

3. 차례차례 별들의 접힌 끝부분을 붙입니다. "뚜껑"은 아직 완성되지 않았어요. 별이 하나 완성되면 다시 각 끝부분에 별을 하나씩 더 붙입니다. 덧붙인 별들의 끝부분끼리도 서로 붙입니다.

4. 뚜껑을 만들려면 손가락 감각이 필요합니다. 인내심을 발휘하여 조심해서 붙이면 멋진 3D 별을 만들 수 있어요.

5. 완성된 별은 사진 5와 같은 모양입니다. 구멍을 뚫으면 어디에나 걸 수 있어요.

119쪽의 본을 사용해 보세요.

**TIP**
별이 많이 필요하고 또 정확히 잘라야 하므로 별 모양 펀치를 쓰는 게 좋겠지요.

상상력을 한없이
발휘해도 좋아요.
별의 크기도 한없이
커질 수 있겠지요.

# 조각조각 별
## 휴지심으로 만든 별

**재료**
- ★ 휴지심(키친타월, 두루마리 화장지의 휴지심)
- ★ 아크릴 물감
- ★ 붓
- ★ 자
- ★ 커터 칼
- ★ 풀
- ★ 빨래집게
- ★ 필요하다면 장식용 보석

**크기** ★ 약 26cm

### 이렇게 만들어요

1. 휴지심에 원하는 색깔의 아크릴 물감을 칠해서 말립니다. 휴지심을 눌러 자와 커터 칼로 넓이가 약 0.5cm가 되도록 자릅니다. 사진의 별을 만들려면 35개의 링이 필요합니다.
2. 다섯 개의 링을 붙여 작은 별을 만듭니다.
3. 다시 5개의 링을 눌러 가운데를 접습니다. 이것을 처음의 5개 링 사이사이에 붙입니다.
4. 사진처럼 15개의 링을 붙입니다. 3번에서 접착한 구부린 링에 각각 3개의 링을 붙여줍니다.
5. 한 번 더 5개의 링을 눌러 가운데를 접습니다. 이것을 첫 번째 5개 링 위쪽의 틈으로 한 개씩 붙입니다. 풀이 마르는 동안 빨래 집게로 집어두면 뜯어지지 않겠지요.
6. 마지막으로 다시 5개 링을 눌러 가운데를 접습니다. 사진처럼 제일 끝부분에 붙입니다.

이런 방법으로 링을 붙여나가면 한없이 커지겠지요. 창의력을 한껏 발휘해 보세요.

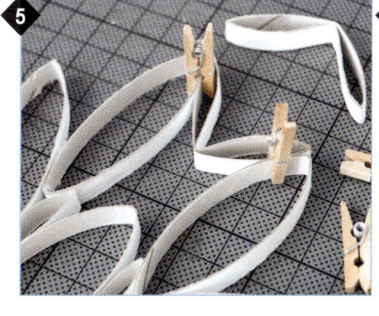

**TIP** 시작하기 전에 링을 어떻게 배치할지 미리 그려놓으면 작업이 훨씬 수월하답니다.

이 양초 바람막이는 꼭 크리스마스 시즌이 아니어도 쓸모가 많아요. 무더운 여름밤 야외에서 초를 켜고 더위를 식힐 때도 정말 실용적이거든요.

# 별 등불

## 양초 바람막이

**재료**
- ★ 정사각형 트레이싱 페이퍼 1장, 21×21cm
- ★ 커터 칼이나 가위
- ★ 티캔들
- ★ 접지주걱

**크기**
- ★ 겉은 약 12cm
- ★ 속은 약 6cm

### 이렇게 만들어요

1. 종이를 대각선으로 접었다 다시 펼칩니다. 뒤집어 주세요.

2. 가로와 세로로 반을 접어주세요. 다시 펼칩니다.

3. 사진 3처럼 왼쪽과 오른쪽 끝부분을 당겨 아래 끝부분에 모읍니다. 접힌 선은 접지주걱으로 매끈하게 문지릅니다.

4. 종이를 180도 돌려 열린 면이 위를 향하게 합니다. 아래 가장자리 두 개를 중앙선에 맞추어 접습니다. 종이를 뒤집어 뒷면에서도 반복해서 접습니다.

5. 삐져나온 부분을 가위나 칼로 자릅니다.

6. 끝부분이 위로 오게 종이를 놓습니다. 앞서 접은 면을 다시 펼칩니다.

7. 이제 한 "면"을 중앙선 너머로 넘겨 펼치고 새로 생긴 삼각형을 평평하게 눌러줍니다. 뒷면에도 이 과정을 되풀이합니다.

8. 그런 다음 가운데를 중심으로 방금 펼친 삼각형의 오른쪽을 왼쪽으로 접고, 다음 측면도 왼쪽으로 접어서 매끄럽게 문지릅니다. 이 과정을 뒷면에도 되풀이합니다. 그 결과물을 앞에서 보면 사진 8과 같습니다.

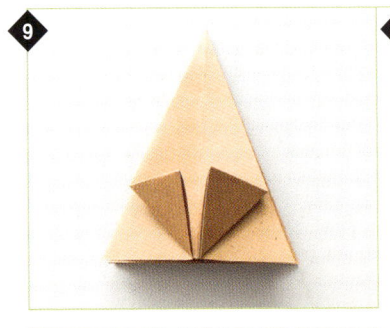

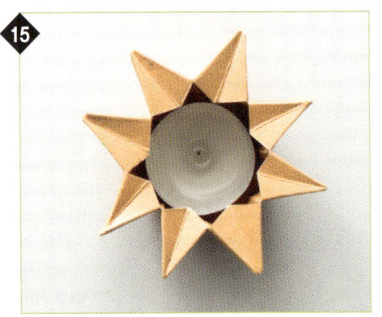

9. 이번에는 가운데(중앙) 선을 따라 왼쪽과 오른쪽 끝부분을 모두 중앙선을 따라 위로 접고 매끈하게 문지릅니다. 접은 표시만 하면 되기 때문에 접은 후에 즉시 다시 펼칩니다. 한 면씩 차례로 넘겨 가며 계속 접습니다. 이렇게 하면 모든 끝부분이 앞으로도 뒤로도 접힙니다.

10. 종이를 완전히 펼칩니다. 사진 10과 같은 모양이 됩니다.

11. 접힌 선을 이용하여 바깥의 끝부분을 모두 안으로 접습니다. 동시에 전체를 다시 접어 포갭니다.

12. 접어 포갠 후의 모습은 사진 12와 같습니다.

13. 아래 끝부분을 하나씩 수직으로 위로 접습니다. 이번에는 접은 후 다시 펼치지 않습니다. 하지만 접은 후에는 모든 끝부분이 접힐 때까지 매번 중앙선 너머로 종이를 넘깁니다.

14. 이제 완성된 바람막이를 조심조심 펼쳐 손가락으로 모양을 잡습니다. 바닥에 대고 살짝 눌러 안쪽 접힌 선을 바깥으로 밀어주세요.

15. 완성된 바람막이에 티캔들을 끼웁니다. 완성!

주의하세요. 기름 바른 종이를 사용할 때는 불이 날 수 있으니 티캔들을 작은 유리잔에 넣은 후 그대로 바람막이 안에 집어넣어야 합니다.

**TIP** 흔히 쓰는 트레이싱 페이퍼는 여러 번 접으면 쉽게 부서지기 때문에 접기 어려워요. 이럴 땐 색지에 식용유를 발라보세요. 종이가 투명해진답니다. 키친타월로 톡톡 기름을 닦은 후에 말려서 사용하세요.

종이접기 별도 아주 실용적으로 쓸 수 있어요. 별이 크리스마스 장식품이나 크리스마스 간식을 담는 그릇으로 변신한답니다.

# 별자리
## 3D 종이접기 별 그릇

**재료** ★ 종이 5장, 최대 180g, 15×15cm
★ 풀

**크기** ★ 18cm

### 이렇게 만들어요

1. 종이를 대각선으로 접습니다. 무늬 종이를 사용할 경우 무늬가 있는 면이 아래로 와야 합니다. 다시 펼칩니다.
2. 위쪽의 두 바깥 선을 중앙선에 맞추어 접습니다. 다시 펼칩니다.
3. 아래 끝부분을 사진 3과 같이 위로 접습니다.
4. 종이를 180도 돌려 위의 두 바깥 선을 중앙선에 맞추어 접습니다.
5. 종이를 뒤로 접어 포갭니다. 접히지 않은 면이 왼쪽을 향합니다.

6. 이 "날개"를 왼쪽으로 펼치고 아래 끝부분을 사진 6과 같이 위로 접어 덮개 아래로 끼웁니다.

7. 날개를 다시 되접어서, 6단계에서 위로 접어 놓은 끝부분을 정확히 덮습니다.

8. 위쪽 작은 모서리를 뒤로 한 번, 앞으로 한 번 접습니다.

9. 종이를 다 펼칩니다. 위쪽 작은 끝부분을 안으로 누르고, 그 부분을 아래 끝부분과 함께 위로 접으면 그릇이 하나 만들어집니다. 첫 번째 별의 끝부분이 만들어진 거지요. 나머지 부분도 모두 완성합니다.

10. 다섯 개의 종이를 모두 접은 후 차례차례 아래 끝부분의 옆면에 붙입니다.

**TIP**
쓰고 남은 자투리 종이로 만들어도 좋아요. 그럼 날개마다 색깔이 달라 더 예쁠 거예요.

소원을 적어보세요. 별은 충분하니까 원하는 것은 전부 다 적어보세요.

# 별에게 소원을 빌어보세요
## 작은 소원별

**재료**  ★ 종이  ★ 자  ★ 정삼각형 본  ★ 커터 칼이나 가위  ★ 연필

**크기**  ★ 약 5cm

### 이렇게 만들어요

1. 원하는 종이에 본을 옮긴 후 자와 커터 칼 혹은 가위로 자릅니다. 아래 끝부분을 위로 접습니다.
2. 끝부분을 다시 아래로 접습니다. 그림 2처럼 가장자리 선 너머로 접습니다.
3. 세 개의 끝을 모두 똑같이 접습니다.
4. 이제 세 면을 서로 끼우기만 하면 됩니다.

물론 끼우기 전에 먼저 안에다 소원을 적어야 겠지요.

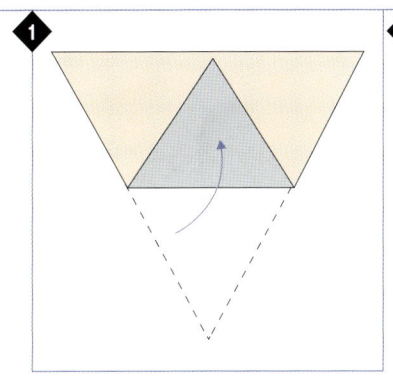

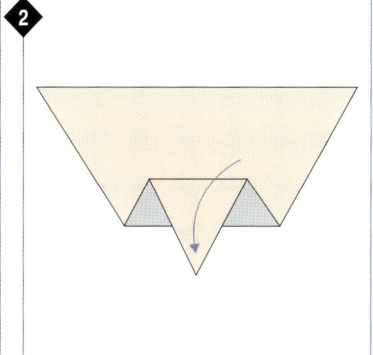

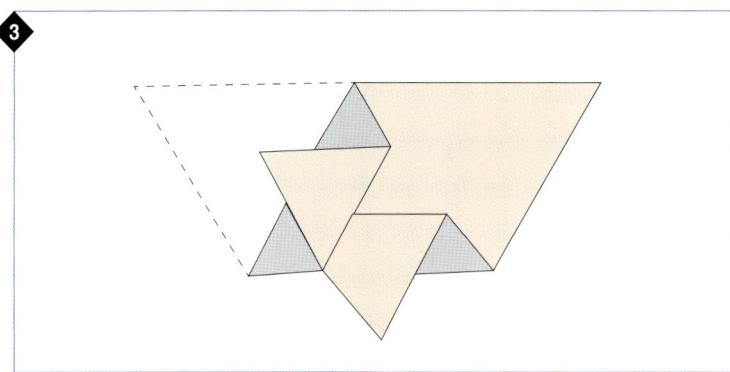

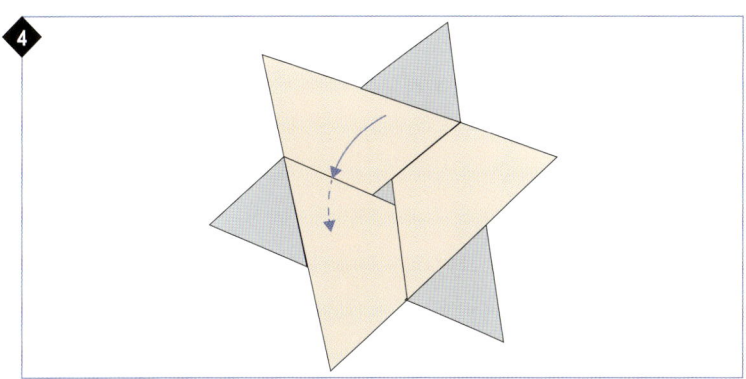

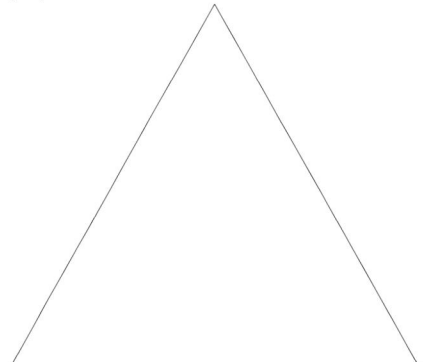

원본 크기의 본은 119쪽에 있습니다.

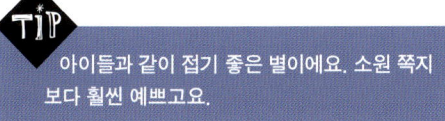

**TIP** 아이들과 같이 접기 좋은 별이에요. 소원 쪽지보다 훨씬 예쁘고요.

식탁을 화려하게
꾸미는 간단한 방법

# 5성급 메뉴
## 냅킨링

**재료**
- ★ 색 마분지, 약 260g
- ★ 연필
- ★ 자
- ★ 픽서나 핀

**크기**
- ★ 약 5cm
- ★ 냅킨링 약 4cm

### 이렇게 만들어요

1. 판지로 본을 만들면 제일 좋습니다. 여러 번 사용할 수 있거든요. 냅킨링을 원하는 종이에 옮겨 그립니다. 나중에 잘라낼 위치를 알기 편하게 별 중앙을 픽서나 핀으로 표시합니다.
2. 자와 커터 칼로 냅킨링 본을 자릅니다.
3. 두 별의 끝을 서로 끼워 원을 만듭니다. 크리스마스 냅킨링이 완성되었어요.

냅킨링 본

**TIP** 색실로 박으면 특별한 느낌이 납니다. 컬러 트레이싱 페이퍼를 사용해도 좋고요.

글씨로 꾸며서
더 특별하게
만들어 보세요.

# 시크릿 스타
## 별을 품은 투명 별

| 재료 | | 크기 |
|---|---|---|
| ★ 트레이싱 페이퍼, A4 크기<br>★ 연필<br>★ 필요하다면 모양펀치<br>★ 풀 | ★ 경우에 따라서는 마스킹 테이프<br>★ 재봉틀<br>★ 자<br>★ 커터칼<br>★ 필요하다면 흰색펜 | ★ 최소 20cm |

### 이렇게 만들어요

1. 62쪽의 별 본을 원하는 크기로 복사해서 투명지에 옮깁니다. (프린터로 바로 종이에 찍어도 좋아요.) 별은 박음질을 끝낸 후에 자르는 것이 더 좋습니다.

2. "속"을 만들어야 할 차례입니다. 모양 펀치로 작은 별이나 다른 모양을 찍어냅니다. 색종이 조각이나 반짝이 가루를 써도 좋습니다. 상상력을 마음껏 발휘하세요. 이것을 별 안에 그냥 집어넣어도 좋지만 투명테이프로 살짝 붙여 고정시켜도 괜찮습니다. 투명지 두 장을 겹칩니다. 별 그림 선 바깥에다 (마스킹 테이프를) 살짝 붙여 종이를 고정시키면 박음질할 때 미끄러지지 않아 좋습니다.

3. 투명지 두 장을 재봉틀로 박음질합니다. 너무 촘촘하게 박지는 마세요. 모서리나 끝부분에서는 박음질을 멈추고 별을 모양대로 올바른 방향으로 돌린 후에 계속 박음질합니다.

4. 마지막으로 커터 칼과 자로 재봉선에서 약간 떨어져서 별을 잘라냅니다.

흰색펜으로 글자를 적으면 개성 넘치는 별이 될 거예요.

걸이용 별

# 자수 별
## 12각 자수별

**재료**
- ★ 색 마분지, 약 260g
- ★ 연필
- ★ 송곳 or 바늘
- ★ 자
- ★ 커터 칼
- ★ 펀치
- ★ 끈실
- ★ 가위

**크기**
- ★ 작은 별 7cm
- ★ 큰 별 10cm

### 이렇게 만들어요

1. 62쪽의 본을 만듭니다. 판지로 만드는 것이 제일 좋습니다. 그래야 여러 번 사용할 수 있거든요. 이 본을 연필로 색 마분지에 옮깁니다. 송곳(혹은 바늘)으로 구멍을 표시한 다음 커터 칼과 자로 별을 자릅니다.

2. 펀치로 마분지에 구멍을 뚫습니다. 펀치가 없으면 밑에 부드러운 것을 깔고 두꺼운 바늘로 뚫습니다.

3. 약 180cm 길이로 실을 잘라 두꺼운 바늘에 끼웁니다. 뒤편 "12시 위치"에서 나왔다가 "5시 위치"로 들어가서 다시 "10시 위치"로 나옵니다.

4. "10시 위치"를 "12시 위치"로 돌려서 3단계와 똑같이 실을 끼웁니다. 이렇게 첫 번째 구멍으로 돌아올 때까지 반복합니다. 그럼 4번 사진 같은 모양이 되지요.

5. 전체 과정을 시계반대방향으로 다시 한번 되풀이합니다. "12시 위치"로 나와 "7시 위치"로 들어가고 "2시 위치"로 나옵니다. 별을 왼쪽으로 더 ("2시 위치"에서 "12시 위치") 돌려 계속 반복합니다.

남은 실은 걸이 용으로 사용하면 됩니다.

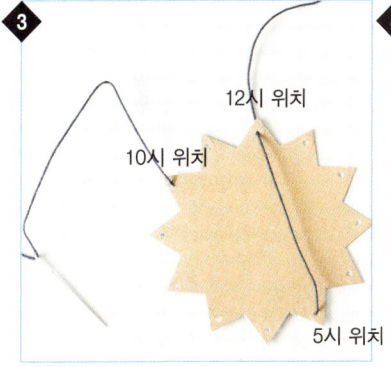

자투리 종이가 많으면 더 멋진 별이 될 거예요. 알록달록 온갖 색깔이 섞일 테니까요.

# 별과 줄무늬

## 라인 별

**재료**
- ★ 색 마분지 자투리
- ★ 자
- ★ 커터 칼
- ★ 양면테이프 (없으면 공구용 풀)
- ★ 가위
- ★ 펀치
- ★ 끈

**크기** ★ 약 15cm

### 이렇게 만들어요

1. 넓이가 1.5cm인 종이 띠 3장을 각각 6×11cm, 6×13cm, 6×15cm 길이로 여러 장 만듭니다. 이렇게 자른 종이 띠를 전부 반으로 접습니다. 색이나 무늬가 한쪽에만 있다면 접을 땐 안으로 들어가게 하세요. 길이가 가장 짧은 띠가 별의 바깥쪽 가장자리가 되어 바깥에서 보이는 면이 됩니다.

2. 서로 다른 길이의 3개의 띠를 끝을 맞춰 양면 테이프로 붙이고, 다른쪽 끝도 띠의 끝선은 모아 양면 테이프로 붙여줍니다. 3개의 띠가 하나의 각입니다. 6개의 각이 완성될 때까지 같은 방식으로 띠를 붙입니다.

3. 이제 모든 각을 서로 붙입니다. 바깥의 모서리만 테이프로 붙여도 충분합니다.

4. 마지막으로 구멍을 내어 끈을 끼웁니다. 완성!

> **TIP**
> 10각이나 12각은 안 되냐고요? 문제없어요. 3개의 띠를 계속 붙여 각을 자꾸자꾸 만들면 각이 엄청 많은 별도 만들 수 있으니까요.

별똥별이
쏟아지네요.
어서 소원을
빌어보세요.

# 별똥별이 쏟아져요
## 별 화환

**재료**
- ★ 신문지나 헌책(잡지)
- ★ 연필
- ★ 자
- ★ 커터 칼이나 가위
- ★ 필요하다면 별 모양펀치
- ★ 스탬프
- ★ 스탬프 인주
- ★ 재봉틀

**크기** ★ 약 7cm

### 이렇게 만들어요

1. 원하는 종이에 별 본을 대고 그려 자르거나 별 모양 펀치로 별을 찍어냅니다. 원하는 만큼 별을 만들어보세요. 별에 겨울 패턴 스탬프를 찍어도 좋습니다.

2. 두 개의 별을 포갭니다. 재봉틀로 그 위를 박음질합니다. 하나가 완성되어도 실을 끊지 말고 계속 돌리면서 다시 별 두 개를 겹쳐 밀어 넣습니다. 마지막에도 실을 넉넉히 남겨서 걸이 용으로 씁니다.

다 마쳤으면 별을 펼칩니다.

**TIP**
얇은 종이는 세 겹, 네 겹으로 겹쳐도 좋아요.
별이 통통해서 더 예쁠 거예요.

# 별꽃
## 잡지로 만든 별

**재료**　★ 잡지　★ 송곳　★ 풀　　　　**크기**　★ 약 12cm
　　　　★ 자　★ 바늘　★ 끈
　　　　★ 커터 칼　★ 실 or 낚시줄

### 이렇게 만들어요

1. 잡지를 잘라 종이 띠(약 10×30cm)를 만듭니다. 이 종이 띠로 아코디언 접기를 할 거예요. 같은 크기의 면이 8개가 생길 때까지 종이를 반으로 접고 또 접습니다. 접을 때마다 다시 폅니다. 주의하세요. 접는 방향이 같아야 합니다. 종이를 뒤집어 다시 한번 모든 면을 반으로 접습니다. 아코디언처럼 주름이 생겼네요. 이 종이를 자와 커터 칼을 이용해 세로로 반을 자릅니다.

2. 두 종이를 이어 붙여서 길이가 두 배인 긴 띠를 만듭니다. 전체를 찌부러뜨린 후 한쪽에 픽서로 구멍을 냅니다. 바늘에 실(낚시줄)을 끼워 그 구멍으로 밀어 넣습니다. 아직 매듭을 짓지는 마세요.

3. 아코디언을 세로로 세우고 끈으로 묶지 않은 쪽을 풀로 붙여 원을 만듭니다.

4. 이 면을 밖으로 누르고, 안쪽 실은 조심스럽게 당겨 매듭을 지은 후 자릅니다. 바깥면의 주름 한 곳에 구멍을 뚫어 실을 끼운 후 원하는 장소에 겁니다.

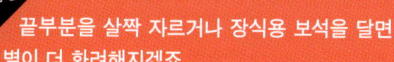
끝부분을 살짝 자르거나 장식용 보석을 달면 별이 더 화려해지겠죠.

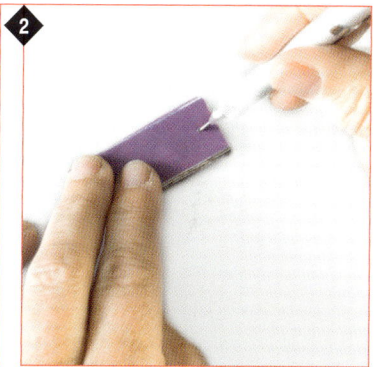

별이 재미난 이야기를
들려줍니다. 그래서 다음은
어떻게 되냐고요?
다음 이야기는
다음 별에게 물어보세요.

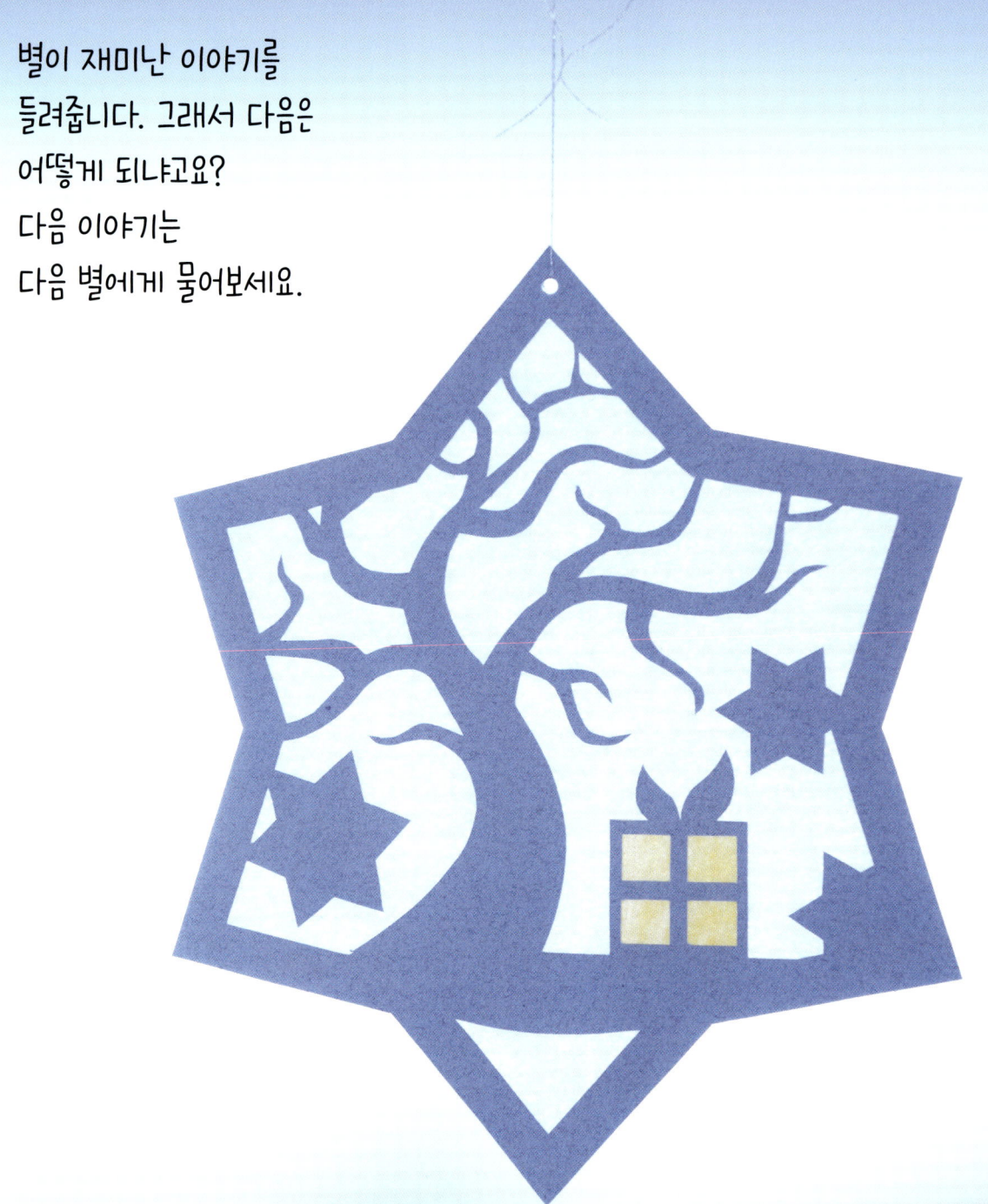

# 별 액자

투명 실루엣 별

| 재료 | | | 크기 |
|---|---|---|---|
| ★ 종이, 80-100g | ★ 커터 칼 | ★ 구멍펀치 | ★ 약 19cm |
| ★ 투명지 | ★ 가위 | ★ 끈 | |
| ★ 자 | ★ 딱풀 | | |

## 이렇게 만들어요

1. 본을 종이에 옮깁니다. 본뜨느라 그린 선이 깔끔하게 잘리지 않았을지 모르니까 종이는 나중에 뒤집을 겁니다. 날이 예리한 칼을 사용하세요. 새것이 제일 좋겠지요. 칼을 사용할 때는 다치지 않도록 조심하세요! 원이나 곡선을 자를 때는 손으로 본을 같이 돌려줍니다.
2. 안쪽 무늬를 다 잘랐으면 커터 칼과 자를 이용해 조심조심 별을 자릅니다.
3. 색 투명지를 크기에 맞게 잘라 종이에 붙입니다. 뒤집습니다. 위쪽 끝부분에 구멍을 내서 끈을 끼웁니다.

> **TIP**
> 안쪽 그림은 마음대로 그려도 됩니다. 개성 있는 그림을 그려 별 액자에 끼워보세요.

원본 크기의 본은 117쪽에 있습니다.

# 별의 행로
## 벽 장식 별 화환

**재료**
- ★ 공예용 와이어 (혹은 화환용 와이어)
- ★ 니퍼
- ★ 색 마분지
- ★ 연필
- ★ 자
- ★ 커터 칼
- ★ 글루건(예열 필수)

**크기**
- ★ 작은 별 3cm
- ★ 중간 별 4cm
- ★ 큰 별 5cm

### 이렇게 만들어요

1. 다양한 크기의 원이 4~5개 만들어지도록 철사를 빼서 돌립니다. 끝부분은 위로 오게 하여 걸이 용으로 쓸 고리를 만듭니다.

2. 본으로 색 마분지에 다양한 크기의 별을 그려 오립니다. 별 모양편치를 사용하면 더 간단합니다.

3. 글루건으로 별을 철사에 붙입니다. 철사가 얇은 경우엔 글루건이 흘러내릴 경우를 대비해 반드시 밑에 깔개를 깔아야 합니다.

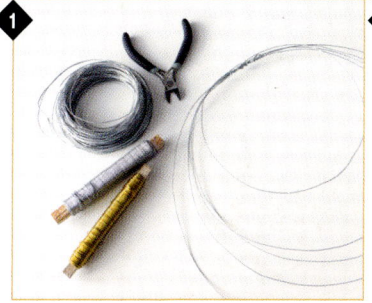

**TIP** 시중에 공작용 칼라 철사가 나와 있습니다. 그걸 사서 빨간 철사에 빨간 별을 붙여보면 어떨까요?

원본 크기의 본은 118쪽에 있습니다.

# 본

45쪽 ★ 별꽃

15쪽 ★ 두꺼운 오각별

> **TIP** 본은 복사해서 사용하세요.
> 마분지로 본을 만들어두면 아무 때나 사용할 수 있어요.

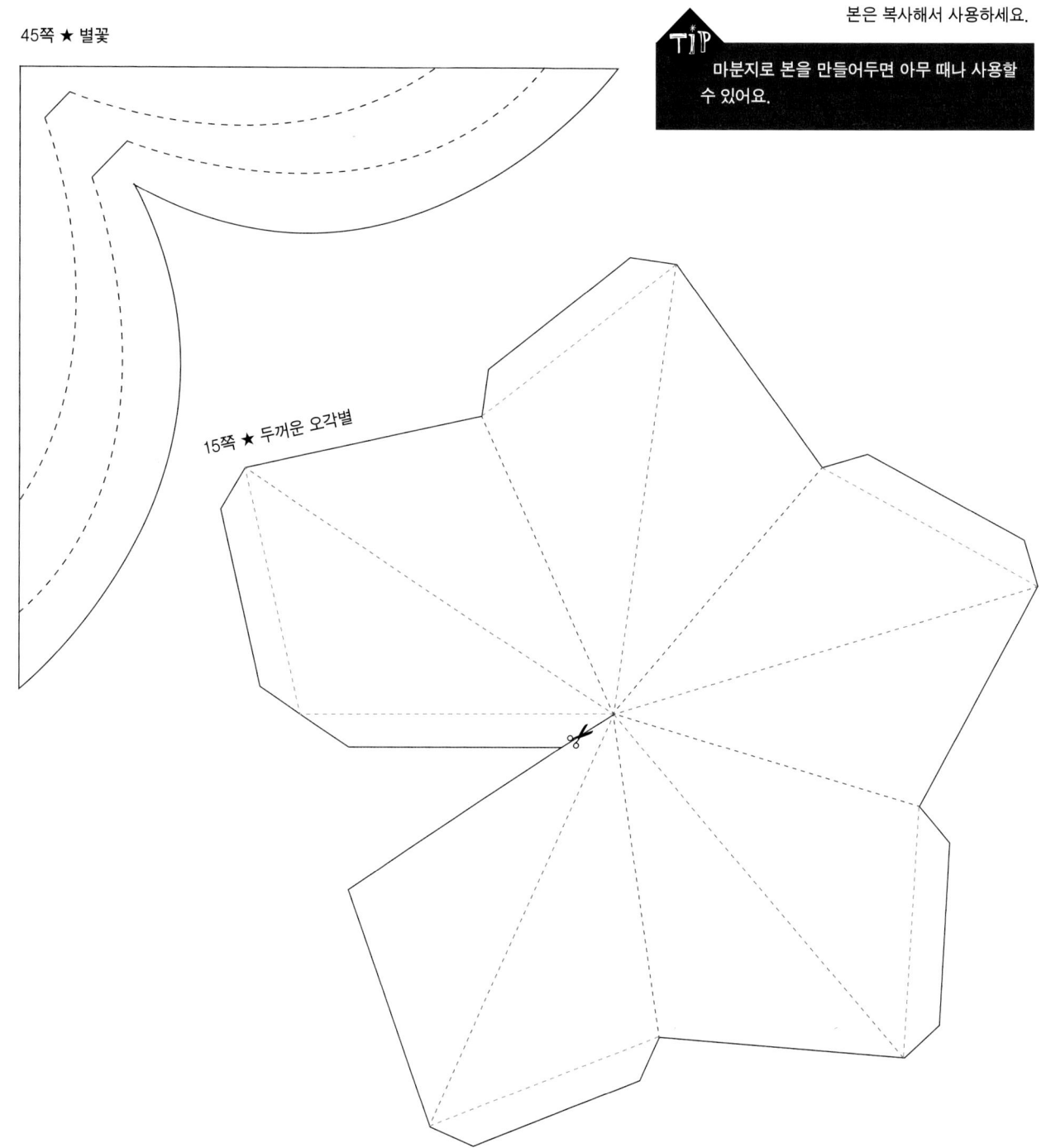

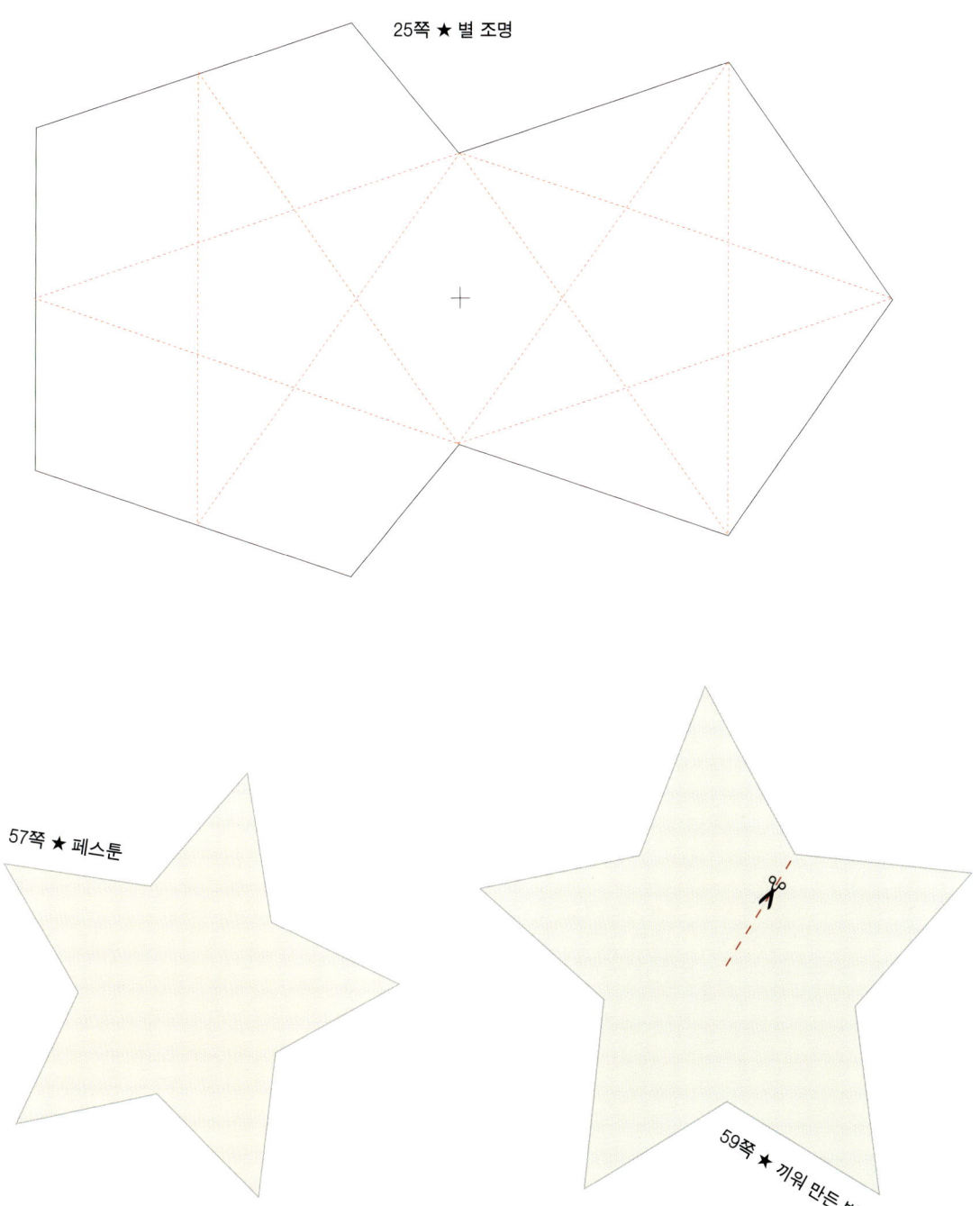

25쪽 ★ 별 조명

57쪽 ★ 페스툰

59쪽 ★ 끼워 만든 별

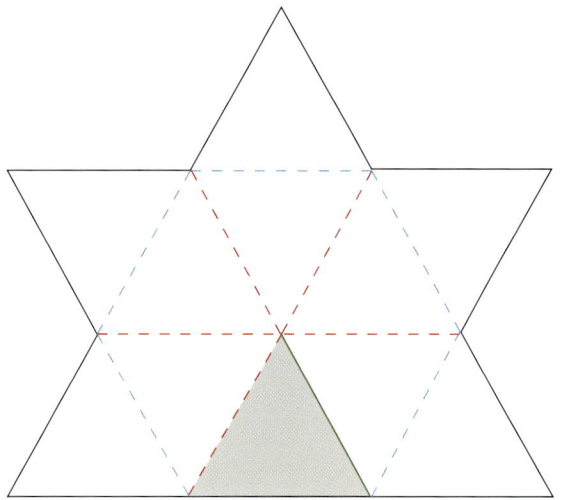

9쪽 ★ 마분지로 만든 오각별

55쪽 ★
한 장으로 만든 필리그란 별

111쪽 ★ 투명 실루엣 별

103쪽 ★ 12각 자수별

99쪽 ★ 투명 별
113쪽 ★ 별 화환

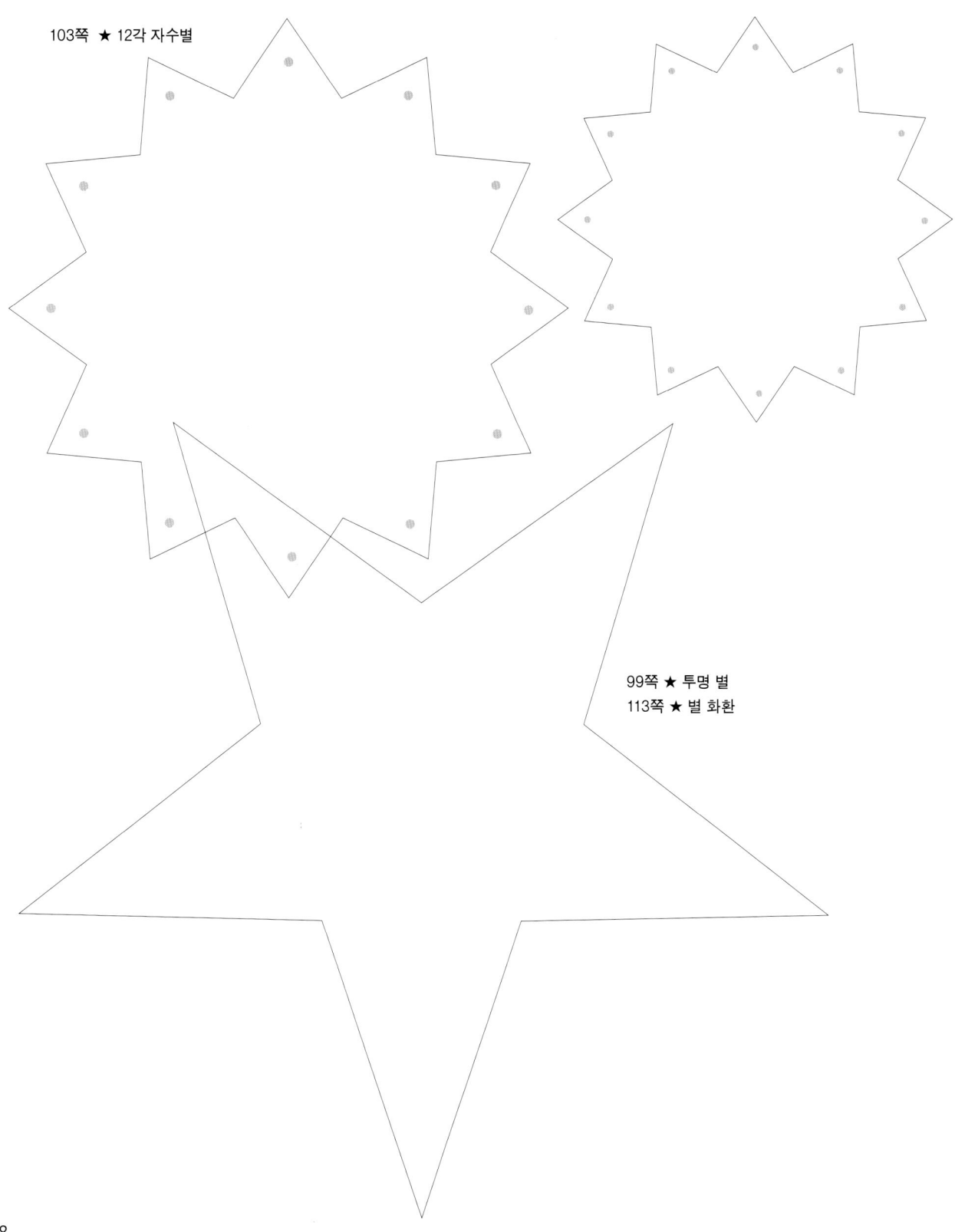

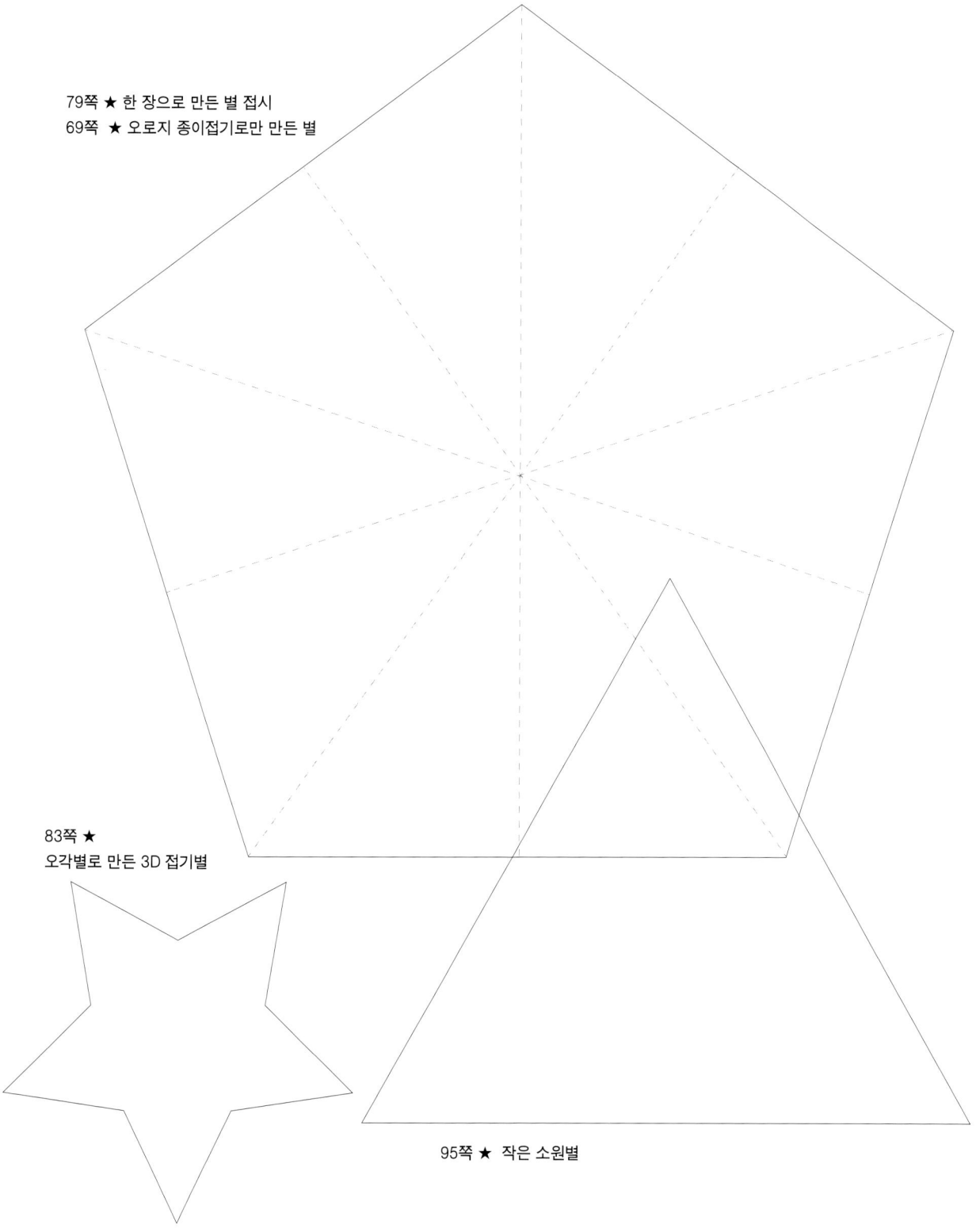

WEIHNACHTSSTERNE? GERNE!
by Ina Mielkau
NOCH MEHR WEIHNACHTSSTERNE? GERNE!
by Ina Mielkau
© (이미지) Edition Michael Fischer GmbH, 2021
This translation of WEIHNACHTSSTERNE? GERNE! and NOCH MEHR WEIHNACHTSSTERNE? GERNE! first published
in Germany by Edition Michael Fischer GmbH in 2018/2021 is published by arrangement with Silke Bruenink
Agency, Munich, Germany.
No part of this book may be used or reproduced in any manner
whatever without written permission, except in the case of brief quotations embodied
in critical articles or reviews.
Korean Translation copyright © 2023 by Saenggakuijip
Published by arrangement through BC Agency, Seoul.

이 책의 한국어 판 저작권은 BC에이전시를 통해
저작권자와 독점계약을 맺은 생각의집에 있습니다. 저작권법에 의해
한국 내에서 보호를 받는 저작물이므로 무단전재와 복제를 금합니다.

# 크리스마스 별
# 종이접기

초판 1쇄 발행  2023년 12월 10일
**지은이** ★ 이나 밀카우
**옮긴이** ★ 장혜경
**펴낸이** ★ 권영주
**펴낸곳** ★ 생각의집
**디자인** ★ design mari
**출판등록번호** ★ 제 396-2012-000215호
**주소** ★ 경기도 고양시 일산서구 중앙로 1455
**전화** ★ 070·7524·6122
**팩스** ★ 0505·330·6133
**이메일** ★ jip2013@naver.com
ISBN ★ 979-11-93443-03-3(13630)